中华人民共和国行业推荐性标准

农村公路养护预算编制办法

Budget Compilation Method for Rural Road Maintenance

JTG/T 5640—2020

主编单位：交通运输部路网监测与应急处置中心
批准部门：中华人民共和国交通运输部
实施日期：2020 年 03 月 01 日

人民交通出版社股份有限公司

北京

律师声明

本书所有文字、数据、图像、版式设计、插图等均受中华人民共和国宪法和著作权法保护。未经人民交通出版社股份有限公司同意，任何单位、组织、个人不得以任何方式对本作品进行全部或局部的复制、转载、出版或变相出版。

任何侵犯本书权益的行为，人民交通出版社股份有限公司将依法追究其法律责任。

有奖举报电话：(010) 85285150

北京市星河律师事务所
2017 年 10 月 31 日

图书在版编目（CIP）数据

农村公路养护预算编制办法：JTG/T 5640—2020／交通运输部路网监测与应急处置中心主编. — 北京：人民交通出版社股份有限公司，2020.2
 ISBN 978-7-114-16302-9

Ⅰ.①农… Ⅱ.①交… Ⅲ.①农村道路—公路养护—预算编制—行业标准—中国 Ⅳ.①U412.36-65

中国版本图书馆 CIP 数据核字（2020）第 013419 号

标准类型：中华人民共和国行业推荐性标准
标准名称：**农村公路养护预算编制办法**
标准编号：JTG/T 5640—2020
主编单位：交通运输部路网监测与应急处置中心
责任编辑：李　沛
责任校对：张　贺　宋佳时
责任印制：刘高彤
出版发行：人民交通出版社股份有限公司
地　　址：(100011) 北京市朝阳区安定门外外馆斜街 3 号
网　　址：http://www.ccpress.com.cn
销售电话：(010) 59757973
总 经 销：人民交通出版社股份有限公司发行部
经　　销：各地新华书店
印　　刷：北京市密东印刷有限公司
开　　本：880×1230　1/16
印　　张：10
字　　数：240 千
版　　次：2020 年 2 月　第 1 版
印　　次：2020 年 2 月　第 1 次印刷
书　　号：ISBN 978-7-114-16302-9
定　　价：70.00 元

（有印刷、装订质量问题的图书，由本公司负责调换）

中华人民共和国交通运输部
公 告

第 1 号

交通运输部关于发布
《农村公路养护预算编制办法》的公告

现发布《农村公路养护预算编制办法》(JTG/T 5640—2020)，作为公路工程行业推荐性标准，自 2020 年 3 月 1 日起施行。

《农村公路养护预算编制办法》(JTG/T 5640—2020) 的管理权和解释权归交通运输部，日常解释和管理工作由主编单位交通运输部路网监测与应急处置中心负责。

请各有关单位注意在实践中总结经验，及时将发现的问题和修改建议反馈交通运输部路网监测与应急处置中心（地址：北京市朝阳区安定路 5 号院 8 号楼外运大厦 21 层，邮政编码：100029）。

特此公告。

中华人民共和国交通运输部
2020 年 1 月 7 日

前　言

根据交通运输部《关于下达 2018 年度公路工程行业标准制修订项目计划的通知》（交公路函〔2018〕244 号）要求，由交通运输部路网监测与应急处置中心作为主编单位，承担《农村公路养护预算编制办法》（JTG/T 5640—2020）（以下简称"本办法"）的制定工作。

我国农村公路建设成效显著，农村群众交通出行条件得到很大改善。保护农村公路建设成果，使之持续发挥良好服务功能，必须加强农村公路养护。2019 年 9 月 23 日，国务院印发《国务院办公厅关于深化农村公路管理养护体制改革的意见》（国办发〔2019〕45 号），要求着力构建农村公路管理养护组织保障、资金保障、技术保障、考核保障四个体系，建立规范化、可持续的农村公路管理养护运行机制，而科学合理的养护资金投入是保障农村公路实现"有路必养""养必到位"的重要保障。本办法旨在统一农村公路养护预算编制方法，加强农村公路养护费用的计划管理，提高农村公路养护资金使用效益。编写组对我国农村公路养护管理情况进行了大量调研，充分吸收了基层农村公路养护工作经验，广泛征求了行业和社会意见，经专家论证和实践验证后编制了本办法。

本办法包括 3 章和 3 个附录，分别是：1 总则，2 术语，3 养护预算费用，附录 A 农村公路养护预算文件编制格式，附录 B 农村公路养护工程量清单计价规则，附录 C 农村公路养护预算费用编制示例。

请各有关单位在实践中注意总结经验，将发现的问题和意见及时函告本办法主编单位，交通运输部路网监测与应急处置中心（地址：北京市朝阳区安定路 5 号院 8 号楼外运大厦 21 层；邮政编码：100029；联系人：方申；电话：010-65299193；传真：010-65299196；邮箱：lwzxzj@163.com），以便修订时参考。

主 编 单 位：交通运输部路网监测与应急处置中心
参 编 单 位：四川省交通运输厅公路局
　　　　　　浙江省交通建设工程造价管理站
　　　　　　陕西省公路局
　　　　　　湖北省交通运输厅
　　　　　　河南省交通运输厅公路管理局
　　　　　　重庆市公路局
　　　　　　黑龙江省富裕县地方道路管理站
　　　　　　四川省成都市郫都区公路养护管理所

广东省交通运输工程造价事务中心
国道网（北京）交通科技有限公司
中公高科养护科技股份有限公司
昆明海巍科技有限公司

主　　　　编：方　申
主要参编人员：王　博　李　宁　帖卉霞　全应红　任启东　高　博
　　　　　　　李向旺　昌宏哲　张　伟　赵兴贵　陈　亮　易万中

主　　　　审：王燕平
参与审查人员：周　伟　杨国峰　张竹彬　杨　勇　张慧彧　蔡小秋
　　　　　　　祖熙宇　李春风　徐华兴　胡　宾　邹苏华　陈　宏
　　　　　　　韩　玫　刘宪军　陈　伟

参 加 人 员：王彩仙　李　燕　徐泽亚　杨志朴　弋晓明　张建孔
　　　　　　　朱仕红

目　次

1　总则 …………………………………………………………………………………… 1
2　术语 …………………………………………………………………………………… 2
3　养护预算费用 ………………………………………………………………………… 3
　3.1　费用组成 ………………………………………………………………………… 3
　3.2　日常养护费 ……………………………………………………………………… 3
　3.3　信息化系统维护费 ……………………………………………………………… 4
　3.4　养护机械设备购置费 …………………………………………………………… 4
　3.5　养护工程费 ……………………………………………………………………… 5
　3.6　农村公路养护预算费用计算程序及计算方式 ………………………………… 6
附录 A　农村公路养护预算文件编制格式 ……………………………………………… 8
附录 B　农村公路养护工程量清单计价规则 …………………………………………… 47
附录 C　农村公路养护预算费用编制示例 ……………………………………………… 106
本办法用词用语说明 ……………………………………………………………………… 151

1 总则

1.0.1 为规范农村公路养护预算管理，科学合理编制农村公路养护资金预算，提高资金使用效益，制定本办法。

1.0.2 本办法适用于农村公路养护预算编制与管理。

1.0.3 农村公路养护预算是合理确定农村公路养护资金需求、编制农村公路养护资金计划的依据，也是编报农村公路养护年度预算的依据。

1.0.4 农村公路养护预算应采用统一的表格编制，表格样式应符合本办法的规定。鼓励各地采取信息化手段编制与管理农村公路养护预算。

1.0.5 各省级交通运输主管部门，可结合当地实际情况，在本办法的基础上补充和细化有关具体规定。

2 术语

2.0.1 费用指标 daily maintenance expense index
完成某项日常养护工作或技术状况评定工作的综合平均费用标准，费用组成包括人工费、材料费、机械使用费、小型机具费、措施费、企业管理费、规费、利润、税金等。

2.0.2 综合单价 comprehensive unit price
完成某项农村公路养护工程所需的单位费用，包括人工费、材料费、施工机械使用费、措施费、企业管理费、规费、利润和税金等。

2.0.3 工程量清单 bill of quantities
按一定规则和类别划分公路养护工作的组成和内容，对完成公路养护活动所产生的实物工程、措施项目、规费及税金等项目，按照项目名称、计量单位、工程量、单价、合价形式组合而成的明细清单。

2.0.4 计价规则 rule of valuation
基于一定规则，针对工程量清单的项目编码、项目名称、计量单位、计价工程内容等具体内容，以及表现形式所做的规定。

3 养护预算费用

3.1 费用组成

3.1.1 农村公路养护预算费用包括日常养护费、信息化系统维护费、养护机械设备购置费和养护工程费,如图3.1.1所示。

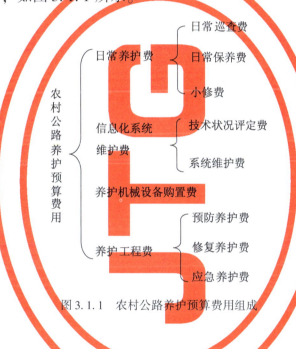

图 3.1.1 农村公路养护预算费用组成

3.2 日常养护费

3.2.1 日常养护费分为日常巡查费、日常保养费和小修费。

3.2.2 日常巡查的费用指标分为县道、乡道、村道三类。道路日常巡查包含路基、路面、涵洞、交通工程及沿线设施、绿化等;桥梁日常巡查包含桥梁基础、下部结构、上部结构和桥面系等;隧道日常巡查包含洞口、洞内路面及相关设施等。日常巡查费应按费用指标乘以日常巡查的数量进行计算。

3.2.3 日常保养的费用指标分为县道、乡道、村道三类。道路日常保养包含路基、路面、涵洞、交通工程及沿线设施、绿化等;桥梁日常保养包含桥梁基础、下部结构、上部结构和桥面系等;隧道日常保养包含洞口、洞内路面及相关设施等。日常保养费应按费用指标乘以日常保养的数量进行计算。

3.2.4 日常巡查和日常保养的预算费用可单独计列，也可合并计列。合并计列时应按日常巡查和日常保养的合计费用指标乘以巡查保养数量计算。

3.2.5 小修费分为小修费用指标计算和小修清单计价两种方式，编制预算时可根据本地区实际情况选取其中一种方式。

1 费用指标计算：

小修费用指标分为县道、乡道、村道三类。道路小修包含路基、路面、涵洞、交通工程及沿线设施、绿化等；桥梁小修包含桥梁基础、下部结构、上部结构和桥面系等；隧道小修包含洞口、洞内路面及相关设施等。小修费应按费用指标乘以小修的数量进行计算。

2 清单计价：

1）小修清单计价应按本办法附录 A 中 07 表的序列及内容编制。当实际出现的工程项目与本办法附录 A 中 07 表的内容不完全相符时，可按表格顺序以实际出现的级别依次排列增加。小修预算费用应按小修工程量乘以综合单价进行计算。

2）小修工程量清单的项目编码、项目名称、计量单位和计价工程内容等应参考本办法附录 B 进行编制。

3.3 信息化系统维护费

3.3.1 信息化系统维护费包括技术状况评定费和系统维护费。

3.3.2 技术状况评定费的费用指标分为县道、乡道、村道三类。道路评定包括路基、路面、涵洞、交通工程及沿线设施等。技术状况评定费应按需要进行技术状况评定的数量乘以费用指标进行计算。桥梁及隧道技术状况评定费用应按专业化检测评定费用计列。

3.3.3 系统维护费指农村公路养护管理单位用于农村公路养护管理信息系统的数据更新、日常运行和维护的费用。系统维护费的预算应依据农村公路养护管理需求进行编制，列入农村公路养护预算。

3.4 养护机械设备购置费

3.4.1 养护机械设备购置费是农村公路养护管理单位为开展日常养护和应急养护等工作购置的构成固定资产标准的机械设备及小型机具所需费用。

条文说明

养护机械设备购置费的产权单位为农村公路养护管理单位。养护机械设备购置费不包括养护工程施工所需要的施工机械设备费,其费用已包括在相应的清单综合单价中。

3.4.2 编制预算时,应由农村公路养护管理单位编制养护机械设备购置清单(包括机械设备的规格、数量、单价)。养护机械设备购置费应列入农村公路养护预算。养护机械设备购置费应以各类机械设备的数量(台套)乘以相应的购置单价进行计算,计算公式见式(3.4.2):

$$养护机械设备购置费 = \sum_{机械设备类别}(机械设备数量 \times 相应机械设备购置单价) \tag{3.4.2}$$

3.5 养护工程费

3.5.1 养护工程费分为预防养护费、修复养护费和应急养护费。

3.5.2 预防养护和修复养护预算可按本办法相关规定进行编制。

3.5.3 应急养护费可按本地区近 3 年应急养护工作实际发生额度的平均值进行预留。

3.5.4 农村公路预防养护和修复养护预算费用组成如图 3.5.4 所示。

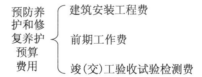

图 3.5.4　农村公路预防养护和修复养护预算费用组成

3.5.5 农村公路预防养护和修复养护建筑安装工程费应按本办法附录 A 中 09 表的序列及内容编制。当实际出现的工程项目与本办法附录 A 中 09 表的内容不完全相符时,可按表格顺序以实际出现的级别依次排列增加。养护工程工程量清单的项目编码、项目名称、计量单位和计价工程内容等内容应参考本办法附录 B 进行编制。

条文说明

在计算养护工程费时,各地可根据农村公路养护实际需求,在养护工程费用中增加有关科目。

3.5.6 建筑安装工程费应根据养护工程施工图设计工程量和清单项目综合单价进行计算。

3.5.7 前期工作费指委托设计、咨询单位对养护工程项目进行检测评定、设计等文件编制应支付的费用。前期工作费按合同金额计列，或按所在地区省（自治区、直辖市）交通运输主管部门有关补充规定执行。

3.5.8 竣（交）工验收试验检测费指农村公路养护工程项目竣（交）工验收前，由农村公路养护管理单位或其委托单位按有关规定对预防养护和修复养护的工程质量进行试验检测，并出具试验检测意见等所需的费用。竣（交）工验收试验检测费应按养护工程路线长度乘以费用指标进行计算。

3.6 农村公路养护预算费用计算程序及计算方式

3.6.1 农村公路养护预算费用计算程序及计算方式见表3.6.1。

表3.6.1 农村公路养护预算费用计算程序及计算方式

序号	工程或费用名称	备注
一	日常养护费	（一）+（二）+（三）
（一）	日常巡查费	道路、桥梁、隧道日常巡查的数量乘以对应费用指标
（二）	日常保养费	道路、桥梁、隧道日常保养的数量乘以对应费用指标
（三）	小修费	道路、桥梁、隧道小修的数量乘以对应费用指标或小修预估工程数量乘以小修综合单价
二	信息化系统维护费	（四）+（五）
（四）	技术状况评定费	技术状况评定的道路里程乘以对应费用指标，桥梁、隧道评定的数量乘以专业化评定费用指标
（五）	系统维护费	根据需要进行计列
三	养护机械设备购置费	根据需要进行计列
四	养护工程费用	（六）+（七）+（八）

续表 3.6.1

序号	工程或费用名称	备 注
（六）	预防养护费	先按设计方案的工程数量乘以养护工程清单项目综合单价，然后计算总则所列费用，得出建筑安装工程费。以建筑安装工程费为基数计算前期工作费，竣（交）工验收试验检测费按路线长度乘以费用指标进行计算。建筑安装工程费与前期工作费及竣（交）工验收试验检测费之和即为养护工程费用
（七）	修复养护费	
（八）	应急养护费	按本地区近 3 年应急养护工作实际发生额度的平均值进行预留
五	农村公路养护预算总费用	一＋二＋三＋四

附录A 农村公路养护预算文件编制格式

××农村公路养护预算

第 册 共 册

编　　制：（签字）
复　　核：（签字）
编制单位：（盖章）
编制时间：　　年　月　日

目 录

1　编制说明
2　农村公路养护预算总费用汇总表（01 表）
3　农村公路养护预算费用汇总表（02 表）
4　日常养护费计算表（03 表）
5　信息化系统维护费计算表（04 表）
6　养护机械设备购置费用表（05 表）
7　小修费汇总表（06 表）
8　小修工程量清单（07 表）
9　养护工程费汇总表（08 表）
10　养护工程工程量清单（09 表）

编 制 说 明

一、概况
二、编制范围
三、费用计算
（一）日常养护费
（二）信息化系统维护费
（三）养护机械设备购置费
（四）养护工程费
四、养护预算费用编制结果

农村公路养护预算总费用汇总表

单位名称：　　　　　　　　　　　　　　　　　　　　　01 表（单位：元）

行政等级	费用类别													养护预算总费用
	日常养护费				信息化系统维护费			养护机械设备购置费	养护工程费				
	日常巡查费	日常保养费	小修费	合计	技术状况评定费	系统维护费	合计		预防养护费	修复养护费	应急养护费	合计	
县道													
乡道													
村道													
合计													

编制：　　　　　　　　　　复核：　　　　　　　　　　日期：

农村公路养护预算费用汇总表

单位名称：　　　　　　　　　　　　　行政等级：　　　　　　　　　02 表

序号	工程或费用名称	数　量	金额（元）
一	日常养护费		
（一）	日常巡查费		
（二）	日常保养费		
（三）	小修费		
二	信息化系统维护费		
（四）	技术状况评定费		
（五）	系统维护费		
三	养护机械设备购置费		
四	养护工程费		
（六）	预防养护费		
（七）	修复养护费		
（八）	应急养护费		
五	农村公路养护预算总费用		

编制：　　　　　　　　　　　复核：　　　　　　　　　日期：

日常养护费计算表

单位名称：　　　　　　　　　　　　　　行政等级：　　　　　　　　　　　　03 表

费用	类　别									合计（元）
	道路			桥梁			隧道			
	指标值[元/(km·年)]	数量(km)	金额(元)	指标值[元/(延米·年)]	数量(延米)	金额(元)	指标值[元/(延米·年)]	数量(延米)	金额(元)	
日常巡查费										
日常保养费										
小修费										
合计（元）										

编制：　　　　　　　　　　　复核：　　　　　　　　　　　日期：

注：小修费按清单计算的仅填合计数。

信息化系统维护费计算表

单位名称： 　　　　　　　　　行政等级： 　　　　　　　　　04 表

费用	类别									合计（元）
	道路			桥梁			隧道			
	指标值[元/(km·年)]	数量（km）	金额（元）	指标值[元/(延米·年)]	数量（延米）	金额（元）	指标值[元/(延米·年)]	数量（延米）	金额（元）	
技术状况评定费										
系统维护费（元）										
合计（元）										

编制： 　　　　　　　　　复核： 　　　　　　　　　日期：

养护机械设备购置费用表

单位名称：　　　　　　　　　　　　行政等级：　　　　　　　　　　　05 表

序号	设备名称	规格	数量	单价（元）	合价（元）	备注
1						
2						
3						
4						
5						
6						
…						
合计（元）						

编制：　　　　　　　　　　　复核：　　　　　　　　　　日期：

小 修 费 汇 总 表

单位名称：　　　　　　　　　　　　　行政等级：　　　　　　　　06 表

费 用 类 别	1 ××项目	2 ××项目	3 ××项目	…	合计 （元）
第 200 章 路基工程					
第 300 章 路面工程					
第 400 章 桥梁、涵洞工程					
第 500 章 隧道工程					
第 600 章 交通工程及沿线设施					
第 700 章 绿化工程	合计				

合计_____元

编制：　　　　　　　　　　复核：　　　　　　　　　　日期：

小修工程量清单

项目名称：　　　　　　　　　　　　　　　　　　　　　　　　　　　　　　07 表

项 目 编 码	项 目 名 称	计量单位	工程量	综合单价（元）	合计（元）	备注
清单　第200章　路基工程						
NXX02100	清理					
NXX02100001	清理零星塌方	m³				
NXX02110	维修					
NXX02110001	路基坑塘处理	m³				
NXX02110002	边沟、排水沟、截水沟、急流槽维修	m				
NXX02110003	维修、更换边沟盖板					
NXX021100030001	维修	m				
NXX021100030002	更换	m				
NXX02110004	挡土墙维修	m³				
NXX02110005	边坡整理	m²				
NXX02110006	土路肩修整	m²				
NXX02110007	增设盲沟	m				
…	…	…				
清单　第300章　路面工程						
NXX03100	除雪、撒防滑料					
NXX03100001	除雪、除冰	m²				
NXX03100002	防滑材料					
NXX031000020001	储备防滑材料	m³				
NXX031000020002	撒防滑材料	m²				
NXX03110	水泥混凝土路面维修					
NXX03110001	破板维修					
NXX031100010001	破板凿除	m²				
NXX031100010002	水泥混凝土修复	m²				
NXX031100010003	沥青混凝土加铺	m²				

续07表

项目编码	项目名称	计量单位	工程量	综合单价（元）	合计（元）	备注
清单　第300章　路面工程						
NXX03110002	水泥混凝土路面板底					
NXX031100020001	灌（注）浆	m³				
NXX031100020002	填充素混凝土	处				
NXX03110003	更换填缝料	m				
NXX03110004	裂缝灌缝	m				
NXX03110005	错台处治	m				
NXX03110006	机械刻槽	m				
NXX03110007	修复剥落边角	m				
NXX03120	沥青混凝土路面维修					
NXX03120001	纵横向裂缝维修	m				
NXX03120002	块状裂缝、龟裂维修	m²				
NXX03120003	沉陷、坑槽、车辙、翻浆处理	m²				
NXX03120004	波浪、搓板、拥包、泛油处理	m²				
NXX03120005	麻面、松散、脱皮、啃边处理	m²				
NXX03130	其他路面维修及路面结构物接顺处理					
NXX03130001	泥结集料类路面维修	m²				
NXX03130002	砂石路面维修	m²				
NXX03130003	块石路面维修	m²				
NXX03130004	稳定基层维修	m³				
NXX03130005	路面结构物接顺处理	m²				
NXX03140	缘石、侧石、平石维修					
NXX03140001	刷漆	m				
NXX03140002	维修	m				
NXX03140003	更换	m				
…	…	…				

续 07 表

项目编码	项目名称	计量单位	工程量	综合单价（元）	合计（元）	备注
清单　第 400 章　桥梁、涵洞工程						
NXX04100	桥面系维修					
NXX04100001	修复桥面铺装					
NXX041000010001	水泥混凝土桥面	m²				
NXX041000010002	沥青混凝土桥面	m²				
NXX041000010003	防水层	m²				
NXX04100002	修复排水系统					
NXX041000020001	泄水管	套				
NXX041000020002	排水槽	m				
NXX04100003	修补人行道、护栏	m				
NXX04100004	桥上灯柱维护	个				
NXX04100005	维护伸缩装置	m				
NXX04100006	护栏刷漆	m				
NXX04100007	支座维修	个				
NXX04110	桥梁下部结构维修					
NXX04110001	墩台及基础					
NXX041100010001	混凝土浇筑修补	m³				
NXX041100010002	砖砌修补	m³				
NXX04110002	锥坡、翼墙					
NXX041100020001	混凝土浇筑修补	m³				
NXX041100020002	砖砌修补	m³				
NXX04110003	抛石护基	m³				
NXX04120	涵洞维修					
NXX04120001	混凝土局部维修	m³				
NXX04120002	浆砌片石修补	m³				
…	…	…				
清单　第 500 章　隧道工程						
NXX05100	隧道清洁维护					
NXX05100001	顶板和内装清洁	m²				
NXX05110	隧道维修					
NXX05110001	洞口					
NXX051100010001	杂草清理	m²				
NXX051100010002	落物清理	m²				
NXX051100010003	洞门修补	m³				
NXX05110002	洞身					

续 07 表

项目编码	项目名称	计量单位	工程量	综合单价（元）	合计（元）	备注
清单 第500章 隧道工程						
NXX051100020001	裂缝灌缝及勾缝	m				
NXX051100020002	砂浆抹面	m²				
NXX051100020003	砌体加固	m³				
NXX051100020004	混凝土加固	m³				
NXX051100020005	洞身刷油漆	m²				
NXX05110003	排水设施	m				
NXX05110004	洞内衬维护	m²				
NXX05110005	人行道和检修道	m				
NXX05110006	照明设施	处				
…	…	…				
清单 第600章 交通工程及沿线设施						
NXX06100	交通安全设施维护					
NXX06100001	道路交通标志维护					
NXX061000010001	单柱式交通标志维护	块				
NXX061000010002	双柱式交通标志维护	块				
NXX061000010003	门架式交通标志维护	块				
NXX061000010004	单悬臂式交通标志维护	块				
NXX061000010005	双悬臂式交通标志维护	块				
NXX061000010006	附着式交通标志维护	块				
NXX06110	护栏维修					
NXX06110001	波形护栏局部更换					
NXX061100010001	维护	m				
NXX061100010002	局部更换	m				
NXX06110002	缆索护栏维护及更换					
NXX061100020001	维护	m				
NXX061100020002	局部更换	m				
NXX06110003	活动护栏局部更换	m				
NXX06110004	墙式护栏或警示墩局部更换					
NXX061100040001	连续式墙式护栏局部更换	m				
NXX061100040002	间断式警示墩局部更换	m				
NXX06120	护栏及警示墩油漆					
NXX06120001	混凝土护栏面油漆	m				
NXX06120002	钢护栏面油漆	m				

续 07 表

项目编码	项目名称	计量单位	工程量	综合单价（元）	合计（元）	备注
清单　第600章　交通工程及沿线设施						
NXX06120003	砌体面油漆	m				
NXX06130	隔离栅及护网维修	m				
NXX06140	道路交通标志维修					
NXX06140001	里程碑、百米桩、界碑更换					
NXX061400010001	里程碑更换	块				
NXX061400010002	百米桩更换	块				
NXX061400010003	界碑更换	块				
NXX06140002	隔离墩维修					
NXX061400020001	更换	处				
NXX061400020002	油漆	处				
NXX06140003	警示桩维修					
NXX061400030001	更换	根				
NXX061400030002	油漆	根				
NXX06150	道路交通标线局部修复					
NXX06150001	旧标线清除	m²				
NXX06150002	热熔型涂料路面标线局部修复	m²				
NXX06150003	溶剂加热涂料路面标线局部修复	m²				
NXX06150004	冷漆路面标线局部修复	m²				
NXX06150005	突起路标更换	个				
NXX06150006	轮廓标更换	个				
NXX06160	防眩设施维修					
NXX06160001	防眩板更换	块				
NXX06160002	防眩网更换	m				
…	…	…				
清单　第700章　绿化工程						
NXX07100	绿化补植					
NXX07100001	乔木补植	棵				
NXX07100002	灌木补植	棵				
NXX07100003	草皮补植	m²				
NXX07100004	草籽补播	m²				
NXX07110	绿化专项养护					

续07表

项目编码	项目名称	计量单位	工程量	综合单价（元）	合计（元）	备注
清单　第700章　绿化工程						
NXX07110001	两侧行道树养护	棵				
NXX07110002	边坡绿化养护	m²				
…	…	…				
总计＿＿＿＿＿＿元						

编制：　　　　　　　　　　　复核：　　　　　　　　　　　日期：

养护工程费汇总表

单位名称：　　　　　　　　　　　　　行政等级：　　　　　　　08 表

费用类别			1	2	3	…	合计(元)
			××项目	××项目	××项目	…	
一、预防养护费							
1	建筑安装工程费	第100章 总则					
		第200章 路基工程					
		第300章 路面工程					
		第400章 桥梁、涵洞工程					
		第500章 隧道工程					
		第600章 交通工程及沿线设施					
		第700章 绿化工程					
		小计					
2	前期工作费						
3	竣(交)工验收试验检测费						
二、修复养护费							
1	建筑安装工程费	第100章 总则					
		第200章 路基工程					
		第300章 路面工程					
		第400章 桥梁、涵洞工程					
		第500章 隧道工程					
		第600章 交通工程及沿线设施					
		第700章 绿化工程					
		小计					
2	前期工作费						
3	竣(交)工验收试验检测费						
三、应急养护费			—	—	—	—	
合计（元）							

编制：　　　　　　　　　　复核：　　　　　　　　　日期：

养护工程工程量清单

项目名称：　　　　　　　　　　　　　　　　　　　　　　　　　　　　　09 表

清单　第100章　总则					
项目编码	项目名称	计量单位	工程量	综合单价（元）	合计（元）	备注
NYH01100	通则					
NYH01100001	保险费					
NYH011000010001	按合同条款规定，提供建筑工程一切险	总额				
NYH011000010002	按合同条款规定，提供第三方责任险	总额				
NYH01110	工程管理					
NYH01110001	施工环保费	总额				
NYH01110002	养护保通费	总额				
NYH01110003	安全生产费	总额				
NYH01120	临时工程					
NYH01120001	临时便道	m				
NYH01120002	临时便桥	m				
NYH01120003	临时工程用地	亩				
NYH01130	承包人驻地建设	总额				
…	…	…				
第100章　合计＿＿＿＿＿＿＿＿元						

清单　第200章　路基工程					
项目编码	项目名称	计量单位	工程量	综合单价（元）	合计（元）	备注
NYH02100	场地清理及拆除					
NYH02100001	清理与凿除					
NYH02100001001	清理现场	m²				
NYH02100001002	砍树挖根	棵				
NYH02100001003	清理零星塌方	m³				
NYH02110	拆除结构物					
NYH02110001	拆除砖砌体结构	m³				

续09表

清单 第200章 路基工程						
项目编码	项目名称	计量单位	工程量	综合单价（元）	合计（元）	备注
NYH02110002	拆除干砌片（块）石结构	m³				
NYH02110003	拆除浆砌片（块）石结构	m³				
NYH02110004	拆除混凝土结构	m³				
NYH02110005	拆除钢筋混凝土结构	m³				
NYH02120	**局部维修挖方**					
NYH02120001	挖土方	m³				
NYH02120002	挖石方	m³				
NYH02120003	挖淤泥	m³				
NYH02130	**局部维修填方**					
NYH02130001	利用方填筑	m³				
NYH02130002	借方填筑	m³				
NYH02130003	结构物台背回填	m³				
NYH02140	**路基处治**					
NYH02140001	路基翻浆处治					
NYH021400010001	设置透水隔离层	m³				
NYH021400010002	增设盲沟	m				
NYH02140002	路基注浆处治	m³				
NYH02150	**修复或完善排水设施**					
NYH02150001	边沟	m				
NYH02150002	排水沟	m				
NYH02150003	截水沟	m				★
NYH02150004	急流槽	m				★
NYH02150005	盲（渗）沟	m				★
NYH02150006	拦水带	m				★
NYH02150007	跌水井	个				★
NYH02160	**修复或完善防护工程**					
NYH02160001	清理塌方、滑坡、风化碎石	m³				
NYH02160002	削坡	m³				
NYH02160003	修复或完善生态植被护坡					★
NYH021600030001	铺（植）草皮	m²				★
NYH021600030002	播植（喷播）草灌	m²				★

续 09 表

| 清单　第 200 章　路基工程 |||||||
项 目 编 码	项 目 名 称	计量单位	工程量	综合单价（元）	合计（元）	备注
NYH021600030003	客土喷播草灌	m²				★
NYH021600030004	T2S 生态植被	m²				★
NYH021600030005	土工格室植草灌	m²				★
NYH021600030006	植生袋植草灌	m²				★
NYH02160004	修复或完善浆砌片石护坡					★
NYH021600040001	骨架护坡	m²				★
NYH021600040002	满砌护坡	m²				★
NYH02160005	修复或完善混凝土护坡					★
NYH021600050001	预制块骨架护坡	m²				★
NYH021600050002	预制块满砌护坡	m²				★
NYH021600050003	现浇混凝土骨架护坡	m²				★
NYH021600050004	锚杆构架护坡	m²				★
NYH02160006	修复或完善挂网土工格栅喷浆防护边坡					★
NYH021600060001	厚 50mm 喷浆防护边坡	m²				★
NYH021600060002	每增加或减少 10mm	m²				★
NYH021600060003	铁丝网	m²				★
NYH021600060004	土工格栅	m²				★
NYH021600060005	锚杆	m				★
NYH02160007	修复或完善挂网锚喷混凝土防护边坡（全坡面）					★
NYH021600070001	厚 50mm 喷混凝土防护边坡	m²				★
NYH021600070002	每增加或减少 10mm	m²				★
NYH021600070003	钢筋网	m²				★
NYH021600070004	铁丝网	m²				★
NYH021600070005	土工格栅	m²				★
NYH021600070006	锚杆	m				★
NYH02160008	修复或完善坡面防护					★
NYH021600080001	喷射混凝土（厚 50mm）	m²				★
NYH021600080002	每增加或减少 10mm	m²				★
NYH021600080003	喷射水泥砂浆（厚 50mm）	m²				★
NYH021600080004	每增加或减少 10mm	m²				★

续 09 表

清单　第 200 章　路基工程					
项 目 编 码	项 目 名 称	计量单位	工程量	综合单价（元）	合计（元）	备注
NYH02160009	预应力锚索（杆）边坡加固					
NYH021600090001	预应力锚索	m				
NYH021600090002	锚杆	m				
NYH021600090003	混凝土锚固板（墩）	m³				
NYH021600090004	注浆	m³				
NYH02160010	修复或完善护面墙					
NYH021600100001	浆砌片（块）石护面墙	m³				
NYH021600100002	混凝土护面墙	m³				
NYH021600100003	钢筋混凝土护面墙	m³				
NYH021600100004	条（料）石镶面	m³				
NYH02160011	修复或完善挡土墙					
NYH021600110001	干砌片（块）石挡土墙	m³				
NYH021600110002	浆砌片（块）石挡土墙	m³				
NYH021600110003	片石混凝土挡土墙	m³				
NYH021600110004	混凝土	m³				
NYH021600110005	钢筋混凝土挡土墙	m³				
NYH021600110006	条（料）石镶面	m³				
NYH021600110007	挡墙混凝土承台（基础）	m³				
NYH021600110008	挡墙灌注桩基础	m³				
NYH021600110009	锚固挡土墙	m³				
NYH021600110010	套墙加固	m³				
NYH021600110011	增建支撑墙加固	m³				
NYH021600110012	喷涂水泥砂浆保护层	m²				
NYH02160012	修复或完善锚杆挡土墙					
NYH021600120001	混凝土立柱	m³				
NYH021600120002	混凝土挡板	m³				
NYH021600120003	钢筋	kg				
NYH021600120004	锚杆	m				
NYH02160013	修复或完善加筋土挡土墙					
NYH021600130001	浆砌片块石基础	m³				
NYH021600130002	混凝土基础	m³				
NYH021600130003	混凝土帽石	m³				
NYH021600130004	混凝土墙面板	m³				

续09表

清单 第200章 路基工程						
项目编码	项目名称	计量单位	工程量	综合单价（元）	合计（元）	备注
NYH02160014	修复或完善河道防护					
NYH021600140001	浆砌片（块）石河床铺砌	m³				
NYH021600140002	浆砌片石顺坝	m³				
NYH021600140003	浆砌片石丁坝	m³				
NYH021600140004	浆砌片石调水坝	m³				
NYH021600140005	浆砌片石导流堤	m³				
NYH021600140006	浆砌片石锥（护）坡	m³				
NYH021600140007	干砌片（块）石	m³				
NYH021600140008	混凝土护岸	m³				
NYH021600140009	钢筋混凝土护岸	m³				
NYH02160015	修复或完善混凝土封顶	m³				
NYH02160016	抛石处理					
NYH021600160001	抛片（块）石	m³				
NYH021600160002	石笼抛石	m³				
NYH02170	修复或完善路肩					
NYH02170001	土路肩	m³				
NYH02170002	硬路肩	m³				
…	…					

第200章 合计_____元

清单 第300章 路面工程						
项目编码	项目名称	计量单位	工程量	综合单价（元）	合计（元）	备注
NYH03100	破碎及修复旧路面					
NYH03100001	水泥混凝土路面					
NYH031000010001	水泥路面多锤头碎石化	m²				
NYH031000010002	水泥路面多镐头碎石化	m²				
NYH031000010003	水泥路面共振碎石化	m²				
NYH031000010004	挖除	m³				
NYH031000010005	破板维修	m²				
NYH03100000100050001	水泥混凝土	m²				
NYH03100000100050002	沥青混凝土加铺	m²				
NYH031000010006	水泥混凝土路面板底灌（注）浆	m²				★
NYH031000010007	更换填缝料	m				★

续09表

清单 第300章 路面工程						
项目编码	项目名称	计量单位	工程量	综合单价（元）	合计（元）	备注
NYH031000010008	裂缝灌缝	m				★
NYH031000010009	错台处治	m				
NYH031000010010	机械刻槽	m²				
NYH031000010011	露骨处理	m				
NYH031000010012	修复剥落边角	m				
NYH03100002	沥青混凝土路面					
NYH031000020001	铣刨	m³				
NYH031000020002	挖除	m³				
NYH031000020003	纵横向裂缝维修	m				
NYH031000020004	块状裂缝、龟裂维修	m				
NYH03100003	挖除块石路面	m³				
NYH03100004	挖除泥结碎（砾）石路面	m³				
NYH03100005	挖除基层	m³				
NYH03100006	挖除底基层	m³				
NYH03100007	挖除旧路肩					
NYH031000070001	土路肩	m³				
NYH031000070002	水泥混凝土硬路肩	m³				
NYH031000070003	沥青混凝土硬路肩	m³				
NYH03100008	拆除路缘石、侧（平）石	m				
NYH03110	裂缝类病害处治					
NYH03110001	龟裂处治	m²				
NYH03110002	不规则裂缝处治	m²				
NYH03110003	缝宽在5mm以上的纵横向裂缝处治	m²				
NYH03120	松散类病害处治					
NYH03120001	坑槽修补					
NYH031200010001	厚40mm	m²				
NYH031200010002	每增加或减少10mm	m²				
NYH03120002	松散处治	m²				
NYH03120003	麻面处治	m²				
NYH03120004	脱皮处治	m²				
NYH03120005	啃边处治	m²				

续09表

清单 第300章 路面工程						
项目编码	项目名称	计量单位	工程量	综合单价（元）	合计（元）	备注
NYH03130	变形类病害处治					
NYH03130001	沉陷处治	m²				
NYH03130002	车辙处治	m²				
NYH03130003	波浪处治	m²				
NYH03130004	搓板处治	m²				
NYH03130005	拥包处治	m²				
NYH03140	其他类病害处治					
NYH03140001	泛油处治	m²				
NYH03140002	磨光处治	m²				
NYH03140003	翻浆处治	m²				
NYH03140004	冻胀处治	m²				
NYH03140005	结构物接顺及其他路面维修					
NYH031400050001	砂石路面维修	m²				
NYH031400050002	块石路面维修	m²				
NYH031400050003	稳定基层维修	m³				
NYH031400050004	结构物接顺处理	m²				
NYH03140006	缘石、侧石、平石维修					
NYH031400060001	刷白	m				
NYH031400060002	维修与更换	m				
NYH03150	修复或加铺调平层（垫层）					
NYH03150001	碎石调平层	m³				
NYH03150002	砂砾调平层	m³				
NYH03160	修复或加铺底基层（垫层）					
NYH03160001	级配碎（砾）石底基层					
NYH031600010001	厚200mm	m²				
NYH031600010002	每增加或减少10mm	m²				
NYH03160002	水泥稳定碎石底基层					
NYH031600020001	厚200mm	m²				
NYH031600020002	每增加或减少10mm	m²				
NYH03170	修复或加铺基层					

续 09 表

清单　第 300 章　路面工程						
项目编码	项目名称	计量单位	工程量	综合单价（元）	合计（元）	备注
NYH03170001	水泥稳定碎（砾）石基层					
NYH031700010001	厚 200mm	m²				
NYH031700010002	每增加或减少 10mm	m²				
NYH03170002	石灰粉煤灰碎（砾）石基层					
NYH031700020001	厚 200mm	m²				
NYH031700020002	每增加或减少 10mm	m²				
NYH03170003	贫混凝土					
NYH031700030001	厚 200mm	m²				
NYH031700030002	每增加或减少 10mm	m²				
NYH03170004	水稳基层非开挖注浆加固	m³				
NYH03170005	沥青就地冷再生					
NYH031700050001	厚 100mm	m²				
NYH031700050002	每增加或减少 10mm	m²				
NYH03170006	沥青厂拌冷再生					
NYH031700060001	厚 100mm	m²				
NYH031700060002	每增加或减少 10mm	m²				
NYH03180	修复或加铺透层、黏层和封层					
NYH03180001	透层	m²				
NYH03180002	黏层	m²				
NYH03180003	封层					★
NYH031800030001	表处封层	m²				★
NYH031800030002	稀浆封层	m²				★
NYH03180004	微表处	m²				
NYH03190	修复或加铺沥青路面					
NYH03190001	细粒式沥青混凝土					
NYH031900010001	厚 40mm	m²				
NYH031900010002	每增加或减少 10mm	m²				
NYH03190002	中粒式沥青混凝土					
NYH031900020001	厚 50mm	m²				
NYH031900020002	每增加或减少 10mm	m²				
NYH03190003	粗粒式沥青混凝土					

续 09 表

| \multicolumn{7}{c}{清单 第 300 章 路面工程} |
项目编码	项目名称	计量单位	工程量	综合单价（元）	合计（元）	备注
NYH031900030001	厚60mm	m²				
NYH031900030002	每增加或减少10mm	m²				
NYH03190004	沥青碎石路面					
NYH031900040001	厚60mm	m²				
NYH031900040002	每增加或减少10mm	m²				
NYH03190005	桥头加铺					
NYH031900050001	细粒式沥青混凝土	m³				
NYH031900050002	中粒式沥青混凝土	m³				
NYH03200	修复或加铺沥青表面处治及其他面层					
NYH03200001	沥青表面处治	m²				
NYH03200002	沥青贯入式路面	m²				
NYH03200003	泥结碎（砾）石路面	m²				
NYH03200004	级配碎（砾）石路面	m²				
NYH03200005	块石路面	m²				
NYH03210	修复或加铺改性沥青混凝土路面					
NYH03210001	细粒式改性沥青混凝土					
NYH032100010001	厚40mm	m²				
NYH032100010002	每增加或减少10mm	m²				
NYH03210002	中粒式改性沥青混凝土					
NYH032100020001	厚40mm	m²				
NYH032100020002	每增加或减少10mm	m²				
NYH03210003	SMA 面层					
NYH032100030001	厚40mm	m²				
NYH032100030002	每增加或减少10mm	m²				
NYH03220	修复或加铺透水性沥青混凝土路面					
NYH03220001	细粒式透水性沥青混凝土					
NYH032200010001	厚40mm	m²				
NYH032200010002	每增加或减少10mm	m²				
NYH03220002	中粒式透水性沥青混凝土					
NYH032200020001	厚50mm	m²				
NYH032200020002	每增加或减少10mm	m²				

续 09 表

清单　第 300 章　路面工程							
项目编码	项目名称	计量单位	工程量	综合单价（元）	合计（元）	备注	
NYH03230	沥青混凝土再生路面						
NYH03230001	冷再生						
NYH032300010001	厚 20mm	m²					
NYH032300010002	每增加或减少 10mm	m²					
NYH03230002	就地热再生						
NYH032300020001	厚 40mm	m²					
NYH032300020002	每增加或减少 10mm	m²					
NYH03230003	封边	m					
NYH03240	修复水泥混凝土路面						
NYH03240001	破板	m²					
NYH03240002	板底灌浆	m²					
NYH03240003	接缝材料更换	m					
NYH03240004	裂缝维修	m²					
NYH03240005	错台处治	m²					
NYH03240006	刻纹	m²					
NYH03250	修复或完善土工合成材料处理						
NYH03250001	土工布	m²					
NYH03250002	土工格栅	m²					
NYH03250003	玻纤格栅	m²					
NYH03260	修复或完善路缘石	m					
…	…	…					
第 300 章　合计＿＿＿＿＿＿元							
清单　第 400 章　桥梁、涵洞工程							
项目编码	项目名称	计量单位	工程量	综合单价（元）	合计（元）	备注	
NYH04100	桥面系修复						
NYH04100001	桥面铺装修复						
NYH041000010001	凿除	m³					
NYH041000010002	重新铺装	m²					
NYH041000010003	重铺或增设防水层	m²					
NYH041000010004	水泥混凝土桥面	m²					
NYH041000010005	沥青混凝土桥面	m²					

续09表

清单　第400章　桥梁、涵洞工程						
项目编码	项目名称	计量单位	工程量	综合单价（元）	合计（元）	备注
NYH041000010006	防水层	m²				
NYH04100002	排水设施修复或完善					
NYH041000020001	泄水管	套				
NYH041000020002	排水管	m				
NYH04100003	人行道、栏杆、护栏、防撞墙修复					
NYH041000030001	人行道	m				
NYH041000030002	栏杆	m				
NYH041000030003	护栏	m				
NYH041000030004	防撞墙	m				
NYH04100004	桥上照明设施修理	座				
NYH04100005	伸缩装置更换（按伸缩结构类型和伸缩量）	m				★
NYH04100006	桥头搭板、枕梁修复					
NYH041000006001	搭板	m³				
NYH041000006002	枕梁	m³				
NYH04110	钢筋（预应力）混凝土梁桥加固					
NYH04110001	钢筋混凝土加大截面					
NYH041100010001	钢筋	kg				
NYH041100010002	混凝土	m³				
NYH04110002	植筋	kg				
NYH04110003	粘贴钢板	kg				
NYH04110004	粘贴碳纤维、特种玻璃纤维	m²				
NYH04110005	预应力加固					
NYH041100050001	穿钢束进行张拉	kg				
NYH041100050002	增加体外束进行张拉	kg				
NYH041100050003	竖向预应力加固	kg				
NYH041100050004	原钢束重新张拉	kg				
NYH04110006	改变梁体截面形式	m³				
NYH04110007	增加横隔板	m³				
NYH04110008	简支变连续	m³				
NYH04110009	更换主梁	m³				

续 09 表

| \multicolumn{7}{c}{清单 第 400 章 桥梁、涵洞工程} |
项目编码	项目名称	计量单位	工程量	综合单价（元）	合计（元）	备注
NYH04120	拱桥加固					
NYH04120001	主拱圈强度不足、拱腹面加固					
NYH041200010001	粘贴钢板	kg				
NYH041200010002	浇筑钢筋混凝土	m³				
NYH041200010003	布设钢筋网喷射混凝土	m²				
NYH041200010004	布设钢筋网喷射水泥砂浆	m²				
NYH041200010005	拱肋间加底板	m³				
NYH041200010006	腹面用衬拱	m³				
NYH04120002	主拱圈强度不足、拱背面加固					
NYH041200020001	钢筋	kg				
NYH041200020002	混凝土	m³				
NYH04120003	拱肋、拱上立柱、纵横梁、桁架拱、刚架拱的杆件损坏加固					
NYH041200030001	粘钢板	kg				
NYH041200030002	粘复合纤维片材	m²				
NYH04120004	桁架拱、刚架拱及拱上框架的节点加固					
NYH041200040001	粘钢板	kg				
NYH041200040002	粘复合纤维片材	m²				
NYH04120005	拱圈的环向连接加固					
NYH041200050001	嵌入剪力键	m				
NYH04120006	拱肋之间的横向连接加强					
NYH041200060001	钢筋	kg				
NYH041200060002	混凝土	m³				
NYH04120007	锈蚀、断丝或滑丝的吊杆更换	m				
NYH04120008	钢管混凝土拱肋拱脚区段或其他构件加固					
NYH041200080001	包裹钢筋混凝土	m³				
NYH04120009	改变结构体系改善结构受力					

续09表

清单 第400章 桥梁、涵洞工程						
项目编码	项目名称	计量单位	工程量	综合单价（元）	合计（元）	备注
NYH041200090001	加设拉杆	m				
NYH04120010	拱上建筑更换	m³				
NYH04120011	桥面加固					
NYH041200110001	更换桥面板	m³				
NYH041200110002	增加钢筋网	kg				
NYH041200110003	加厚桥面铺装	m³				
NYH041200110004	换用钢纤维混凝土	m³				
NYH04120012	墩、台变位引起拱圈开裂加固					
NYH041200120001	修补拱圈	m²				
NYH04130	钢桥加固					
NYH04130001	杆件加固					
NYH041300010001	补贴钢板	kg				
NYH041300010002	钢夹板夹紧并铆接加固	kg				
NYH041300010003	增设水平加劲肋、竖向加劲肋	kg				
NYH041300010004	补加新钢板、角钢或槽钢	kg				
NYH041300010005	加设加劲杆件	kg				
NYH041300010006	加设短角钢	kg				
NYH04130002	恢复和提高整桥承载力					
NYH041300020001	增高补充钢梁	kg				
NYH041300020002	增设加劲梁	kg				
NYH041300020003	增设拱式桁架结构	kg				
NYH041300020004	增设悬索结构	kg				
NYH041300020005	增设竖杆及必要斜杆	kg				
NYH041300020006	增设体外预应力	kg				
NYH04140	钢-混凝土组合梁桥加固					
NYH04140001	钢筋混凝土桥面板加固					
NYH041400010001	高强度等级微膨胀混凝土填补	m³				
NYH041400010002	重新浇筑混凝土板	m³				
NYH041400010003	更换预制板	m³				
NYH041400010004	增设剪力键	m				
NYH04150	桥梁支座的维修与更换					★

续09表

清单 第400章 桥梁、涵洞工程						
项目编码	项目名称	计量单位	工程量	综合单价（元）	合计（元）	备注
NYH04150001	桥梁支座维修	个				★
NYH04150002	桥梁支座更换	个				★
NYH04150003	桥梁支座增设	个				★
NYH04160	墩台基础加固					
NYH04160001	重力式基础加固					
NYH041600010001	增设连接钢筋	kg				
NYH041600010002	增设连接钢销	kg				
NYH041600010003	浇筑混凝土扩大原基础	m³				
NYH041600010004	增设新的扩大基础	m³				
NYH041600010005	加设钢筋混凝土实体耳墙	m³				
NYH04160002	桩基础加固					
NYH041600020001	扩大桩径	m³				
NYH041600020002	桩基灌（压）浆	m³				
NYH041600020003	加桩	m³				
NYH041600020004	扩大承台	m³				
NYH04160003	人工地基加固					
NYH041600030001	地基注浆	m³				
NYH041600030002	地基旋喷注浆	m³				
NYH041600030003	地基深层搅拌	m³				
NYH04160004	基础防护加固					
NYH041600040001	灌注水下混凝土填补冲空部分	m³				
NYH041600040002	混凝土填补冲空部分	m³				
NYH041600040003	编织袋装干硬性混凝土填补冲空部分	m³				
NYH041600040004	水泥砂浆防护	m³				
NYH041600040005	增设新的调治构造物	m³				
NYH04160005	基础平面防护加固					
NYH041600050001	打梅花桩	m³				
NYH041600050002	抛石防护	m³				
NYH041600050003	水泥混凝土板、水泥预制块	m³				
NYH041600050004	铁丝笼	m³				
NYH041600050005	竹笼	m³				

续09表

清单 第400章 桥梁、涵洞工程							
项目编码	项目名称	计量单位	工程量	综合单价（元）	合计（元）	备注
NYH041600050006	增设新的调治构造物	m³				
NYH04160006	基础沉降、滑移、倾斜加固					
NYH041600060001	换填台背填料	m³				
NYH041600060002	增设钢筋混凝土支撑梁	m³				
NYH041600060003	增设浆砌片石支撑板	m³				
NYH041600060004	增设挡墙、支撑杆、挡块	m³				
NYH041600060005	加厚、增设翼墙	m³				
NYH041600060006	增设拉杆	m				
NYH041600060007	调整或顶升上部结构	孔				
NYH041600060008	加设垫块	m³				
NYH041600060009	加厚盖梁	m³				
NYH041600060010	顶推、调整拱轴线	座				
NYH04170	**墩台加固**					
NYH04170001	裂缝加固					
NYH041700010001	增设钢筋混凝土围带	m³				
NYH041700010002	粘贴钢板箍	kg				
NYH041700010003	加大墩台截面	m³				
NYH041700010004	灌缝	m				
NYH04170002	倾斜加固					
NYH041700020001	加设钢拉杆	m				
NYH04170003	破损加固					
NYH041700030001	增设钢筋混凝土箍套	m³				
NYH041700030002	包裹碳纤维片材	m²				
NYH04170004	增设墩台					
NYH041700040001	增设台身	m³				
NYH041700040002	增设墩柱、墩身	m³				
NYH041700040003	浇筑新盖梁	m³				
NYH04170005	锥坡、翼墙维修加固					
NYH041700050001	锥坡	m³				
NYH041700050002	翼墙	m³				
NYH04180	**桥梁抗震加固**					
NYH04180001	梁桥防止顺桥向（纵向）落梁的抗震加固					

续 09 表

清单　第 400 章　桥梁、涵洞工程						
项目编码	项 目 名 称	计量单位	工程量	综合单价（元）	合计（元）	备注
NYH041800010001	桥台胸墙抗震加固	m³				
NYH041800010002	增设挡块	m³				
NYH041800010003	固定主梁（板）	处				
NYH041800010004	主梁连成整体	处				
NYH04180002	梁桥防止横向落梁的抗震加固					
NYH041800020001	增设横向挡块	m³				
NYH041800020002	增设横向挡杆、钢拉杆	m				
NYH041800020003	固定主梁	处				
NYH041800020004	桥面改造	m²				
NYH041800020005	增设横隔板	m³				
NYH04180003	防止支座破坏的梁桥抗震加固					
NYH041800030001	增设支座挡块	m³				
NYH041800030002	增设连接钢筋	kg				
NYH04180004	桥墩抗震加固					
NYH041800040001	增设横（斜）撑	m				
NYH041800040002	增设钢套管	m				
NYH041800040003	增设抗震墩	m³				
NYH041800040004	加大桥墩断面	m³				
NYH041800040005	增设套箍	m³				
NYH04180005	桥台抗震加固					
NYH041800050001	加筑围裙	m³				
NYH041800050002	增设挡墙	m³				
NYH041800050003	修筑扶壁或斜撑	m³				
NYH041800050004	调整桥台形式	座				
NYH041800050005	顶推调整拱轴线	座				
NYH04180006	基础、地基抗震加固					
NYH041800060001	水泥浆灌注法	m³				
NYH041800060002	旋喷灌浆法	m³				
NYH041800060003	硅化法	m³				
NYH04180007	盖梁、承台抗震加固					
NYH041800070001	加大截面	m³				

续 09 表

清单　第 400 章　桥梁、涵洞工程							
项目编码	项 目 名 称	计量单位	工程量	综合单价（元）	合计（元）	备注
NYH041800070002	施加预应力	m				
NYH04180008	其他设施修复	处				
NYH04180009	抛石处理	m³				
NYH04190	**涵洞的维修**					
NYH04190001	地基处理					
NYH041900010001	（按不同处理方式分列）	m³				
NYH04190002	基础处理					
NYH041900020001	重建基础	m³				
NYH041900020002	压浆加固基础	道				
NYH04190003	侧墙和翼墙维修	m³				
NYH04190004	涵洞加固					
NYH041900040001	混凝土	m³				
NYH041900040002	钢筋混凝土	m³				
NYH041900040003	混凝土预制块衬砌	m³				
NYH041900040004	钢筋混凝土预制块衬砌	m³				
NYH041900040005	现浇衬砌	m³				
…	…	…				

第 400 章　合计_____元

清单　第 500 章　隧道工程							
项目编码	项 目 名 称	计量单位	工程量	综合单价（元）	合计（元）	备注
NYH05100	**洞口与明洞工程维修**					
NYH05100001	遮光棚（板）维修					
NYH051000010001	混凝土	m³				
NYH051000010002	钢筋	kg				
NYH05110	**洞身维修**					
NYH05110001	无衬砌隧道维修					
NYH051100010001	碎裂、松动岩石和危石的处理	m³				
NYH051100010002	围岩的渗漏水处理	m				
NYH051100010003	新增衬砌	m³				
NYH051100010004	喷浆处理	m³				
NYH05110002	衬砌裂纹、剥离、剥落处理					
NYH051100020001	衬砌背面注浆	m³				
NYH051100020002	防护网	m²				

续09表

清单　第500章　隧道工程					
项目编码	项目名称	计量单位	工程量	综合单价（元）	合计（元）	备注
NYH051100020003	喷射混凝土	m^3				
NYH051100020004	锚杆加固	m				
NYH051100020005	排水、止水	m				
NYH051100020006	套拱	m^2				
NYH051100020007	绝热层	m^2				
NYH051100020008	滑坡整治	m^3				
NYH051100020009	围岩压浆	m^3				
NYH051100020010	灌浆锚固	m^3				
NYH051100020011	增设仰拱	m^3				
NYH051100020012	更换衬砌	m^3				
NYH051100020013	防水卷材	m^2				
NYH05110003	衬砌渗漏水处理					
NYH051100030001	排水、止水	m				
NYH051100030002	围岩压浆	m^3				
NYH051100030003	更换衬砌	m^3				
NYH05120	路面及其他设施维修					
NYH05120001	路面渗漏水处理	处				
NYH05120002	人行和车行横洞维修	道				
NYH05120003	斜（竖）井维修	处				
NYH05120004	风道维修	处				
NYH05130	排水设施维修					
NYH05130001	中心排水沟维修与新建	m				
NYH05130002	两侧排水沟维修与新建	m				
NYH05130003	洞外排水设施维修与新建					
NYH051300030001	浆砌片石水沟	m^3				
NYH051300030002	混凝土预制块水沟	m^3				
NYH051300030003	现浇混凝土水沟	m^3				
NYH05140	吊顶和内装维修					
NYH05140001	洞内防火涂料（按厚度分）	m^2				★
NYH05140002	洞内防火板	m^2				
NYH05140003	洞内装饰	m^2				
NYH05150	人行道或检修道维修					
NYH05150001	人行道维修	m				

续 09 表

清单　第 500 章　隧道工程						
项目编码	项目名称	计量单位	工程量	综合单价（元）	合计（元）	备注
NYH05150002	检修道维修	m				
…	…		…			
第 500 章　合计＿＿＿＿＿＿＿＿＿＿元						
清单　第 600 章　交通工程及沿线设施						
项目编码	项目名称	计量单位	工程量	综合单价（元）	合计（元）	备注
NYH06100	墙式护栏维修					
NYH06100001	拆除	m				
NYH06100002	修复	m				
NYH06100003	重建或新增	m				
NYH06110	波形护栏维修及更换					
NYH06110001	拆除	m				
NYH06110002	修复	m				
NYH06110003	调整	m				
NYH06110004	重建或新增	m				
NYH06110005	波形护栏更换					
NYH061100050001	普通型钢护栏	m				
NYH061100050002	双波加强型钢护栏	m				
NYH061100050003	三波加强型钢护栏	m				
NYH061100050004	双层双波加强型钢护栏	m				
NYH061100050005	桥路连接过渡段钢护栏	m				
NYH061100050006	更换防阻块	处				
NYH061100050007	更换护栏盖帽	处				
NYH06120	缆索护栏维修					
NYH06120001	拆除	m				
NYH06120002	修复	m				
NYH06120003	调整	m				
NYH06120004	更换	m				
NYH06130	活动式护栏维修					
NYH06130001	修复	m				
NYH06130002	更换	m				
NYH06140	示警桩维修、墙式护栏或警示墩更换					
NYH06140001	拆除	块				
NYH06140002	更换	块				

续09表

清单 第600章 交通工程及沿线设施						
项目编码	项目名称	计量单位	工程量	综合单价（元）	合计（元）	备注
NYH06140003	连续式墙式护栏更换	m				
NYH06140004	间断式警示墩更换	m				
NYH06150	防撞墩维修					
NYH06150001	拆除	块				
NYH06150002	修复	块				
NYH06160	单柱式交通标志维修					
NYH06160001	拆除	个				
NYH06160002	修复	个				
NYH06160003	更换	个				
NYH06170	双柱式交通标志维修					
NYH06170001	拆除	个				
NYH06170002	修复	个				
NYH06170003	更换	个				
NYH06180	门架式交通标志维修					
NYH06180001	拆除	个				
NYH06180002	修复	个				
NYH06180003	更换	个				
NYH06190	单悬臂式交通标志维修					
NYH06190001	拆除	个				
NYH06190002	修复	个				
NYH06190003	更换	个				
NYH06200	双悬臂式交通标志维修					
NYH06200001	拆除	个				
NYH06200002	修复	个				
NYH06200003	更换	个				
NYH06210	附着式交通标志维修					
NYH06210001	拆除	个				
NYH06210002	修复	个				
NYH06210003	更换	个				
NYH06220	隧道内交通标志维修					
NYH06220001	拆除	个				
NYH06220002	修复	个				
NYH06220003	更换	个				
NYH06230	里程碑、百米桩、界碑维修					

续09表

清单　第600章　交通工程及沿线设施					
项目编码	项目名称	计量单位	工程量	综合单价（元）	合计（元）	备注
NYH06230001	拆除里程碑、百米桩、界碑					
NYH062300010001	拆除里程碑	块				
NYH062300010002	拆除百米桩	块				
NYH062300010003	拆除界碑	块				
NYH06230002	更换里程碑、百米桩、界碑					
NYH062300020001	更换里程碑	块				
NYH062300020002	更换百米桩	块				
NYH062300020003	更换界碑	块				
NYH06230003	隔离墩维修					
NYH062300030001	更换	处				
NYH062300030002	油漆	处				
NYH06230004	警示桩维修					
NYH062300040001	更换	根				
NYH062300040002	油漆	根				
NYH06240	道路交通标线修复					
NYH06240001	热熔型涂料路面标线修复					
NYH062400010001	1号标线	m²				
NYH062400010002	2号标线	m²				
NYH06240002	溶剂常温涂料路面标线修复					
NYH062400020001	1号标线	m²				
NYH062400020002	2号标线	m²				
NYH06240003	溶剂加热涂料路面标线修复					
NYH062400030001	1号标线	m²				
NYH062400030002	2号标线	m²				
NYH06240004	特殊路面标线修复					
NYH062400040001	震颤标线（热熔突起型标线）	m²				
NYH062400040002	防滑标线	m²				
NYH062400040003	水性反光标线	m²				
NYH06240005	减速带修复					

续09表

清单 第600章 交通工程及沿线设施						
项目编码	项目名称	计量单位	工程量	综合单价（元）	合计（元）	备注
NYH062400050001	拆除	m				
NYH062400050002	更换	m				
NYH06240006	突起路标修复					
NYH062400060001	单面突起路标	个				
NYH062400060002	双面突起路标	个				
NYH06240007	轮廓标修复					
NYH062400070001	柱式轮廓标	个				
NYH062400070002	附着式轮廓标	个				
NYH062400070003	1243线形（条型）轮廓标	片				
NYH062400070004	柱式边缘视线诱导标	个				
NYH06240008	立面标记修复	处				
NYH06240009	隆声带修复	m²				
NYH06250	防眩设施维修					
NYH06250001	防眩板维修					
NYH062500010001	拆除	m				
NYH062500010002	更换	m				
NYH06250002	防眩网维修					
NYH062500020001	拆除	m²				
NYH062500020002	更换	m²				
…	…	…				

第600章 合计_____元

清单 第700章 绿化工程						
项目编码	项目名称	计量单位	工程量	综合单价（元）	合计（元）	备注
NYH07100	加铺表土	m²				
NYH07110	绿化补植					
NYH07110001	补播草种	m²				
NYH07110002	补植草皮	m²				
NYH07110004	补播乔木	棵				
NYH07110005	补植灌木	棵				
NYH07120	绿化专项养护					
NYH07120001	两侧行道树养护	棵				
NYH07120002	边坡绿化养护	m²				

续 09 表

清单 第700章 绿化工程						
项目编码	项目名称	计量单位	工程量	综合单价（元）	合计（元）	备注
…	…	…				
第700章 合计_____元						

编制： 复核： 日期：

注：备注中带★的项目主要为预防养护项目。

附录 B 农村公路养护工程量清单计价规则

B.1 小修工程量清单计价规则

1 通则

1.0.1 本部分主要规定了农村公路小修工程量清单项目编码、项目名称、计量单位、计价工程内容等。

1.0.2 本部分中的各项工程量清单的基本要素，应按下列规则确定：

1 农村公路小修工程量清单项目编码均由章（2位）、节（3位）、子目（3位）和细目（4位）四级组成。农村公路小修工程量清单项目编码前加类型字母前缀，并以章、节、子目和细目依次逐层展开，如细目下还需细分，再按4位数字依次展开。工程量清单项目分级及编码详见表 B.1-1。

表 B.1-1 工程量清单项目分级及编码

层 级	工程量清单项目编码				
	前缀	一	二	三	四
	养护类型	章	节	子目	细目
位数	字母	2位	3位	3位	4位
编码范围	NXX	01~99	100~999	001~999	0001~9999

2 计量单位采用基本单位，除特殊情况另有规定项目外，均按下列单位计算和计量：

1）以体积计算和计量的项目：m^3、dm^3（立方分米）；

2）以面积计算和计量的项目：m^2、亩；

3）以重量计算和计量的项目：t、kg；

4）以长度计算和计量的项目：m；

5）以自然体、单体或综合体计算和计量的项目：个、项、台、套、棵、块、处等；

6）以"1"为默认数量，不随工程规模、数量变化而变化的项目：总额。

3 计价工程内容是对完成清单项目的主要工程或工作内容的明确，凡计价工程内容中未列明但应作为其组成内容的其他工程或工作，应作为该项目的附属工作，参照本办法相应规定或设计图纸综合考虑在单价中。

4 工程量清单中有标价的单价和总额价均已包括了为实施和完成合同工程所需的劳务、材料、机械、质检（自检）、安装、调试、缺陷修复、管理、保险（工程一切险和第三方责任险除外）、税费、利润等费用，若为局部拼（拓）宽工程，还应包括拼接、连接所需的各项费用。本工程的各类装备的提供、运输、维护、拆卸、拼装等支付的费用，应包含在工程量清单的单价与总额价之中。

1.0.3 工程量清单应采用综合单价计价。应根据规定的综合单价组成，按本部分的"计价工程内容"确定。

1.0.4 本部分未涉及的工程内容，可根据工程实际需要，自行补充相应的计价规则。

2 计价规则

2.0.1 农村公路小修中的工程量清单项目设置和计价工程内容，应按表 B.1-2 的规定执行。

表 B.1-2 小修工程量清单项目设置及计价工程内容

项目编码	项目名称	计量单位	计价工程内容
第 200 章 路基工程			
NXX02100	清理		
NXX02100001	清理零星塌方	m^3	1. 装、卸、运输 2. 刷坡
NXX02110	维修		
NXX02110001	路基坑塘处理	m^3	1. 挖除和废弃原坑塘部位 2. 回填和压实砂性土、碎（砾）石，或用片（块）石嵌挤、铺石、砂土
NXX02110002	边沟、排水沟、截水沟、急流槽维修	m	1. 清理杂物，整修，疏通，将杂物弃于边沟之外
NXX02110003	维修、更换边沟盖板		
NXX021100030001	维修	块	1. 局部拆除、修补 2. 清理现场
NXX021100030002	更换	块	1. 拆除破损盖板 2. 重新预制、运输、安装 3. 清理现场
NXX02110004	挡土墙维修	m^3	1. 局部拆除、修补 2. 清理现场
NXX02110005	边坡整理	m^2	1. 用黏性土填塞捣实（或修补拍实）、原边沟挖成台阶型、分层填筑压实、用草皮或方格植草加固

续表 B.1-2

项目编码	项目名称	计量单位	计价工程内容
第 200 章　路基工程			
NXX02110006	土路肩修整	m²	1. 调整横坡、设置截水明槽；石块或水泥混凝土预制块铺砌（或现浇）路肩边缘带（护肩带）；水泥浆或乳化沥青灌缝密封；粒料（草皮或天然草）加固等
NXX02110007	增设盲沟	m	1. 挖基整型 2. 垫层铺设 3. 材料埋设或粒料填充 4. 出水口砌筑 5. 顶部封闭层铺设、回填
第 300 章　路面工程			
NXX03100	除雪、撒防滑料		
NXX03100001	除雪、除冰	m²	1. 清扫，铲除，运出路基外 2. 撒防滑材料
NXX3100002	防滑材料		
NXX31000020001	储备防滑材料	m³	1. 采购与储存撒防滑材料
NXX31000020002	撒防滑材料	m²	1. 撒防滑材料
NXX03110	水泥混凝土路面维修		
NXX03110001	破板修复		
NXX031100010001	破板凿除	m²	1. 挖、凿破损混凝土，周边凿毛、冲洗、配料、拌和、浇筑（加铺）、捣固（压实）、养生、填灌缝 2. 拉杆、传力杆、接缝、补强钢筋及其支架钢筋制作安装 3. 压（刻）纹（槽）
NXX031100010002	水泥混凝土修复		
NXX031100010003	沥青混凝土加铺		
NXX03110002	水泥混凝土路面板底		
NXX031100020001	灌（注）浆	m³	1. 灌（注）浆孔制作、恢复 2. 配料，拌和，运料，压浆
NXX031100020002	填充素混凝土	m³	1. 拌和、运料、灌注
NXX03110003	更换填缝料	m	1. 切缝，清除缝中杂物，配料，灌注，整平
NXX03110004	裂缝灌缝	m	1. 切缝，清除缝中杂物，填、灌填缝料
NXX03110005	错台处治	m	1. 磨平、清除缝内杂物、吹净灰尘、填入嵌缝料
NXX03110006	机械刻槽	m²	1. 刻槽 2. 清理现场
NXX03110007	修复剥落边角	m	1. 清理干净剥落的板边、用沥青混凝土料或接缝材料修补平整 2. 修复

续表 B.1-2

项目编码	项目名称	计量单位	计价工程内容
第300章　路面工程			
NXX03120	沥青混凝土路面维修		
NXX03120001	纵横向裂缝维修	m	1. 清扫裂缝 2. 熬油，运输，喷灯加温，灌缝，撒砂填充，熨平 3. 清理现场
NXX03120002	块状裂缝、龟裂维修	m^2	1. 清扫裂缝 2. 熬油，运输，喷灯加温，灌缝，撒砂填充，熨平 3. 清理现场
NXX03120003	沉陷、坑槽、车辙、翻浆处理	m^2	1. 划线、开槽、清底 2. 熬油、运输、刷油、配料、拌和、摊铺、碾压 3. 清理现场
NXX03120004	波浪、搓板、拥包、泛油处理	m^2	1. 刨除、清扫 2. 洒油、撒料、碾压、养生 3. 清理现场
NXX03120005	麻面、松散、脱皮、啃边处理	m^2	1. 清除脱落和破损部分 2. 喷洒沥青、撒嵌缝料、碾压、养生 3. 清理现场
NXX03130	其他路面维修及路面结构物接顺处理		
NXX03130001	泥结集料类路面维修	m^2	1. 清理破损部分路面 2. 配料，拌和，铺筑，养生 3. 清理现场
NXX03130002	砂石路面维修	m^2	1. 清扫、整平路面，洒水，拉毛 2. 配料，拌和，铺筑，养生 3. 清理现场
NXX03130003	块石路面维修	m^2	1. 拆除破损部分，清理 2. 铺筑，整型，养护 3. 清理现场
NXX03130004	稳定基层维修	m^3	1. 挖除，清理 2. 拌和，铺筑，碾压，养护 3. 清理现场

续表 B.1-2

项目编码	项目名称	计量单位	计价工程内容
第 300 章　路面工程			
NXX03130005	路面结构物接顺处理	m²	1. 铣刨，清扫，洒油，配料，拌和，摊铺，碾压，养护，清理现场
NXX03140	缘石、侧石、平石维修		
NXX03140001	刷漆	m	1. 清理 2. 配料，刷涂料
NXX03140002	维修与更换	m	1. 拆除，清理 2. 预制，运输，安装
NXX03140003	更换		
第 400 章　桥梁、涵洞工程			
NXX04100	桥面系维修		
NXX04100001	修复桥面铺装		
NXX041000010001	水泥混凝土桥面	m²	1. 挖、凿破损混凝土，周边凿毛、冲洗、配料、拌和、填筑、捣固、养生 2. 拉杆、传力杆、接缝、补强钢筋及其支架钢筋制作安装 3. 压（刻）纹（槽）
NXX041000010002	沥青混凝土桥面	m²	1. 清除脱落和破损部分或洗刨、废料处运、清扫 2. 配料、拌和、运输、摊铺、碾压、养生 3. 清理现场
NXX041000010003	防水层	m²	1. 清除 2. 桥面清洗 3. 防水黏结层喷涂 4. 防水层重新铺设
NXX04100002	修复排水系统		
NXX041000020001	泄水管	套	1. 疏通，拆除破损部分 2. 清理干净 3. 局部更换
NXX041000020002	排水槽	m	1. 疏通，拆除破损部分 2. 清理干净 3. 局部更换
NXX04100003	修补人行道、护栏	m	1. 修理或局部更换
NXX04100004	桥上灯柱维护	个	1. 修理或扶正

续表 B.1-2

项目编码	项目名称	计量单位	计价工程内容
第 400 章 桥梁、涵洞工程			
NXX04100005	维护伸缩装置	m	1. 拆除，清理 2. 安装
NXX04100006	护栏刷漆	m	1. 清扫灰土 2. 涂涂料或刷漆
NXX04100007	支座维修	个	1. 清除污垢 2. 除锈，刷漆，注油，维修或更换
NXX04110	桥梁下部结构维修		
NXX04110001	墩台及基础		
NXX041100010001	混凝土浇筑修补	m³	1. 清除杂物河床疏浚 2. 拆除破损部分 3. 维修，保养
NXX041100010002	砖砌修补		
NXX04110002	锥坡、翼墙维修		
NXX041100020001	混凝土浇筑修补	m³	1. 清除杂物河床疏浚 2. 拆除破损部分 3. 维修，保养
NXX041100020002	砖砌修补		
NXX04110003	抛石护基	m³	1. 抛填块石、片石、铅丝石笼等
NXX04120	涵洞维修		
NXX04120001	混凝土局部维修	m³	1. 清理破损部位 2. 沥青混合料或水泥混凝土拌和、运输、摊铺或浇筑、压实、成型 3. 清理现场
NXX04120002	浆砌片石修补	m³	1. 清理破损部位 2. 铺设垫层 3. 配拌砂浆 4. 砌筑、勾缝 5. 清理现场
第 500 章 隧道工程			
NXX05100	隧道清洁维护		
NXX05100001	顶板和内装清洁	m²	1. 清洁处理
NXX05110	隧道维修		
NXX05110001	洞口		
NXX051100010001	杂草清理	m²	1. 清理杂草
NXX051100010002	落物清理	m²	1. 清理碎石、断枝等落物
NXX051100010003	洞门修补	m²	1. 设置施工作业安全区域 2. 搭拆工作平台 3. 贴瓷砖、刷油漆、修复 4. 清理现场

续表 B.1-2

项目编码	项目名称	计量单位	计价工程内容
第 500 章　隧道工程			
NXX05110002	洞身		
NXX051100020001	裂缝灌缝及勾缝	m	1. 清理修补部位 2. 拌和灌缝料 3. 灌缝、勾缝 4. 清理场地
NXX051100020002	砂浆抹面	m²	1. 清理修补部位 2. 打毛 3. 砂浆制作、抹面 4. 清理场地
NXX051100020003	砌体加固	m³	1. 接触面处理 2. 砌体砌筑、抹面 3. 清理场地
NXX051100020004	混凝土加固	m³	1. 设施作业面 2. 接触面处理 3. 混凝土加固 4. 清理场地
NXX051100020005	洞身刷油漆	m²	1. 清理修补部位 2. 刷油漆 3. 清理现场
NXX05110003	排水设施	m	1. 维护排水设施 2. 修复破损部分，疏通排水管
NXX05110004	洞内衬维护	m²	1. 维护 2. 修复或更新破损部分
NXX05110005	人行道和检修道	m	1. 维护 2. 修复或更新破损部分，保养
NXX05110006	照明设施	处	1. 维护 2. 修复或更新破损部分，保养
第 600 章　交通工程及沿线设施			
NXX06100	交通安全设施清洁维护		
NXX06100001	道路交通标志清洁维护		

续表 B.1-2

项目编码	项目名称	计量单位	计价工程内容
第 600 章 交通工程及沿线设施			
NXX061000010001	单柱式交通标志维护	块	1. 清洗 2. 更换 3. 清理现场
NXX061000010002	双柱式交通标志维护		
NXX061000010003	门架式交通标志维护		
NXX061000010004	单悬臂式交通标志维护		
NXX061000010005	双悬臂式交通标志维护		
NXX061000010006	附着式交通标志维护		
NXX06110	护栏维修		
NXX06110001	波形护栏局部更换		
NXX061100010001	维修	m	1. 局部维修 2. 拆除、更换破损部分 3. 清理现场
NXX061100010002	局部更换		
NXX06110002	缆索护栏维修及局部更换		
NXX061100020001	维修	m	1. 局部维修 2. 拆除、更换破损部分 3. 清理现场
NXX061100020002	局部更换		
NXX06110003	活动护栏局部更换	m	1. 局部维修 2. 拆除、更换破损部分 3. 清理现场
NXX06110004	墙式护栏或警示墩局部更换		
NXX061100040001	连续式墙式护栏局部更换	m	1. 拆除、更换破损部分,养生 2. 清理现场
NXX061100040002	间断式示警墩局部更换	m	1. 拆除、更换破损部分,养生 2. 清理现场
NXX06120	护栏及示警墩油漆		
NXX06120001	混凝土护栏面油漆	m	1. 清刷干净 2. 涂涂料（油漆）
NXX06120002	钢护栏面油漆		
NXX06120003	砌体面油漆		
NXX06130	隔离栅及护网维修	m	1. 修复破损部分 2. 清理现场 3. 支架制作安装、防护网片安设

续表 B.1-2

项目编码	项目名称	计量单位	计价工程内容
第600章 交通工程及沿线设施			
NXX06140	道路交通标志维修		
NXX06140001	里程碑、百米桩、界碑更换		
NXX061400010001	里程碑更换	块	1. 拆除破损碑（牌、桩），清理现场 2. 制作安装
NXX061400010002	百米桩更换		
NXX061400010003	界碑更换		
NXX06140002	隔离墩维修		
NXX061400020001	更换	处	1. 拆除破损部分，清理现场 2. 制作安装
NXX061400020002	油漆	处	1. 清刷干净 2. 涂油漆
NXX06140003	警示桩维修		
NXX061400030001	更换	根	1. 拆除破损部分，清理现场 2. 制作安装
NXX061400030002	油漆	根	1. 清刷干净 2. 涂油漆
NXX06150	道路交通标线局部修复		
NXX06150001	旧标线清除	m²	1. 清除旧标线，清扫路面
NXX06150002	热熔型涂料路面标线局部修复	m²	1. 清除旧标线，清扫路面 2. 放样、划线
NXX06150003	溶剂加热涂料路面标线局部修复	m²	
NXX06150004	冷漆路面标线局部修复	m²	1. 清除旧标线，清扫路面 2. 放样、划线
NXX06150005	突起路标更换	个	1. 拆除旧路标，路面清洗 2. 安装
NXX06150006	轮廓标更换	个	1. 拆除破损部分，清理 2. 安装
NXX06160	防眩设施维修		
NXX06160001	防眩板更换	块	1. 拆除破损部分，清理 2. 安装
NXX06160002	防眩网更换	m	

续表 B.1-2

项目编码	项目名称	计量单位	计价工程内容
第700章 绿化工程			
NXX07100	绿化补植		
NXX07100001	乔木补植	棵	1. 划线布坑，挖坑 2. 栽植，扶正，回填，浇水，养护 3. 现场清理
NXX07100002	灌木补植	棵	
NXX07100003	草皮补植	m²	1. 修整表土，铺植草皮，洒水，养生 2. 清理现场
NXX07100004	草籽补播	m²	1. 修整表土，撒播草籽，洒水覆盖及养护 2. 清理现场
NXX07110	绿化专项养护		
NXX07110001	两侧行道树养护	棵	1. 防旱、防冻、防虫处理 2. 修剪、整形等
NXX07110002	边坡绿化养护	m²	1. 防旱、防冻、防虫处理 2. 修剪、整形等

B.2 养护工程工程量清单计价规则

1 通则

1.0.1 本部分主要规定了农村公路养护工程工程量清单的项目编码、项目名称、计量单位和计价工程内容等。

1.0.2 本部分共分七章：总则，路基工程，路面工程，桥梁、涵洞工程，隧道工程，交通工程及沿线设施，绿化工程。

1.0.3 本部分中的各项工程量清单的基本要素，应按下列规则确定：

1 农村公路养护工程工程量清单项目编码均由章（2位）、节（3位）、子目（3位）和细目（4位）四级组成。农村公路养护工程工程量清单项目编码前加类型字母前缀，并以章、节、子目和细目依次逐层展开，如细目下还需细分，再按4位数字依次展开。工程量清单项目分级及编码详见表B.2-1。

表 B.2-1 工程量清单项目分级及编码

层级	工程量清单项目编码				
	前缀	一	二	三	四
	养护类型	章	节	子目	细目
位数	字母	2位	3位	3位	4位
编码范围	NYH	01~99	100~999	001~999	0001~9999

2 计量单位采用基本单位，除特殊情况另有规定项目外，均按下列单位计算和计量：

1) 以体积计算和计量的项目：m^3、dm^3（立方分米）；
2) 以面积计算和计量的项目：m^2、亩；
3) 以重量计算和计量的项目：t、kg；
4) 以长度计算和计量的项目：m；
5) 以自然体、单体或综合体计算和计量的项目：个、项、台、套、棵、块、处等；
6) 以"1"为默认数量，不随工程规模、数量变化而变化的项（细）目：总额。

3 计价工程内容是对完成清单项目的主要工程或工作内容的明确，凡计价工程内容中未列明但应作为其组成内容的其他工程或工作，应作为该项目的附属工作，参照本办法相应规定或设计图纸综合考虑在单价中。

4 工程量清单中有标价的单价和总额价均已包括了为实施和完成合同工程所需的劳务、材料、机械、质检（自检）、安装、调试、缺陷修复、管理、保险（工程一切险和第三方责任险除外）、税费、利润等费用，若为拼（拓）宽工程，还应包括拼接、连接所需的各项费用。本工程的各类装备的提供、运输、维护、拆卸、拼装等支付的费用，应包含在工程量清单的单价与总额价之中。

1.0.4 就地浇注和预制混凝土、钢筋混凝土、预应力混凝土、石料及混凝土预制块砌体等工程所用的模板、拱架、挂篮和支架的设计制作、安装、拆除施工等有关作业，作为有关工程的附属工作，不另行计量；施工现场交通组织、维护费，应综合考虑在各项目内，不单独计价。

1.0.5 工程量清单应采用综合单价计价。应根据规定的综合单价组成，按本部分的"工程内容"和设计文件确定。

1.0.6 本部分未涉及的工程内容，可根据工程实际需要，在项目的技术规范中自行补充相应的计价规则。

2 第100章 总则

2.1 一般规定

2.1.1 本章为总则，主要包括保险费、工程管理、临时工程与设施、承包人驻地建设等内容。

2.1.2 保险费分工程一切险和第三方责任险。工程一切险是为永久工程、临时工程和设备及已运至施工工地用于永久工程的材料和设备所投的保险。第三方责任险是对因实施本合同工程而造成的财产（本工程除外）的损失和损害或人员（业主和承包人雇员除外）的死亡或伤残所负责任进行的保险。保险费率按议定保险合同费率办理（保险期限应至竣工验收为止），根据保单实际额度予以计量，当保单中的工程一切险和第三方责任险两险合一而难以分开时，可根据实际总额合理分摊。

2.1.3 施工环保费是承包人在施工过程中采取预防和消除环境污染措施所需的费用。

2.1.4 养护保通费是承包人在公路养护维修过程中所采取的场外交通安全管制及设置相关安全设施所需的费用。

2.1.5 安全生产费包括完善、改造和维护安全设施设备费用，配备、维护、保养应急救援器材、设备费用，开展重大危险源和事故隐患评估和整改费用，安全生产检查、评价、咨询费用，配备和更新现场作业人员安全防护用品支出，安全生产宣传、教育、培训费用，安全设施及特种设备检测检验费用，施工安全风险评估、应急演练等有关工作及其他与安全生产直接相关的费用。安全生产费应以建筑安装工程费（不含安全生产费和保险费）为基数按国家有关规定费率计算。

2.1.6 临时工程与设施费是承包人为完成工程建设，建设临时便道、便桥以及临时占用土地的租用费。临时用地费已包含临时占地恢复费，临时占地退还前，承包人应负责恢复到临时用地使用前的状况。未经审批的占地和超过批准的占地使用时间所发生的一切费用和后果由承包人自负。

2.1.7 承包人驻地建设费是指承包人为工程建设必须临时修建的承包人住房、办公房、加工车间、仓库、试验室和必要的供水、卫生、消防设施所需费用，其中包括拆除与恢复到原来的自然状况的费用。

2.2 计价规则

工程量清单项目设置及计价工程内容，应按表 B.2-2 的规定执行。

表 B.2-2　总　　则

项目编码	项目名称	计量单位	计价工程内容
NYH01100	通则		
NYH01100001	保险费		
NYH011000010001	按合同条款规定，提供建筑工程一切险	总额	
NYH011000010002	按合同条款规定，提供第三方责任险	总额	

续表 B.2-2

项目编码	项目名称	计量单位	计价工程内容
NYH01110	工程管理		
NYH01110001	施工环保费	总额	1. 施工场地硬化 2. 控制扬尘 3. 降低噪声 4. 施工水土保持 5. 合理排污等一切与施工环保有关的作业
NYH01110002	养护保通费	总额	1. 交通安全管制 2. 安全设施的安装、拆除、移动、养护 3. 专职安全人员配备
NYH01110003	安全生产费	总额	（按国家有关规定）
NYH01120	临时工程与设施		
NYH01120001	临时便道	m	1. 保证车辆、人员进出现场通畅，所需物资能及时运至现场的临时道路和桥梁
NYH01120002	临时便桥	m	
NYH01120003	临时工程用地	亩	1. 承包人办公和生活用地 2. 仓库与料场用地 3. 预制场地 4. 借土场地及临时堆土场 5. 工地试验室用地 6. 临时道路用地等 7. 用地退还前恢复到使用前状况
NYH01130	承包人驻地建设	总额	1. 承包人办公室、住房及生活区建设与管理 2. 车间与工作场地、仓库、料场及拌和场建设与管理 3. 工地试验室建设与管理 4. 医疗卫生的提供与消防设施的配置，驻地设施的维护与完工后的全部拆迁

3 第200章 路基工程

3.1 一般规定

3.1.1 本章为路基工程，主要包括场地清理及拆除、拆除结构物、局部维修挖（填）方、路基处治、修复或完善排水设施、修复或完善防护工程等内容。

3.1.2 路基处治包括路基翻浆、路基注浆的处治及其相关的工程作业。

3.1.3 修复或完善排水设施包括边沟、排水沟、截水沟、急流槽、盲（渗）沟、拦水带和跌水井等结构物的修复及有关的作业。

3.1.4 修复或完善防护工程包括清理塌方、滑坡、风化碎石及滑坡、边坡防护、挡土墙、挂网坡面防护、预应力锚索及锚固桥及河道防护等结构物的修复及有关的作业。废方弃运堆放等均包含在相应的工程项目中，不另行计量。

3.1.5 硬路肩产生病害应参照同类型路面病害进行处治。

3.1.6 本章项目未明确指出的工程内容，如场地清理、脚手架的搭拆、模板的安装、拆除及场地运输等均包含在相应的工程项目中，不另行计量。

3.2 计价规则

3.2.1 工程量清单项目设置及计价工程内容，应按表 B.2-3 的规定执行。

表 B.2-3 路 基 工 程

项 目 编 码	项 目 名 称	计量单位	计价工程内容
NYH02100	场地清理及拆除		
NYH02100001	清理与凿除		
NYH02100001001	清理现场	m²	1. 清除垃圾、废料、表土（腐殖土）、石头、草皮 2. 适用材料的装卸、移运、堆放及废料的移运处理 3. 现场清理
NYH02100001002	砍树挖根	棵	1. 砍伐 2. 截锯 3. 挖除树根 4. 装卸、移运至指定地点堆放 5. 现场清理
NYH02110	拆除结构物		
NYH02110001	拆除砖砌体结构		
NYH02110002	拆除干砌片（块）石结构	m³	1. 拆除前原有交通、排水等相关内容的妥善处理 2. 不同结构物（含必要的地下部分内容）的挖除、装卸、运输和定点堆放 3. 挖除后坑穴的回填并压实
NYH02110003	拆除浆砌片（块）石结构		
NYH02110004	拆除混凝土结构		
NYH02110005	拆除钢筋混凝土结构		
NYH02120	局部维修挖方		

续表 B.2-3

项目编码	项目名称	计量单位	计价工程内容
NYH02120001	挖土方	m³	1. 施工防、排水，临时道路及安全措施 2. 路堑、线外工程土方开挖、装卸、运输 3. 路基顶面挖松压实 4. 整修边坡 5. 弃方和剩余材料处理
NYH02120002	挖石方	m³	1. 施工防、排水，临时道路及安全措施 2. 路堑、线外工程石方爆破、开挖、装卸、运输 3. 清理坡面松石，路基顶面凿平或超挖回填压实 4. 整修边坡 5. 填方利用石方的堆放、分理、解小、破碎 6. 弃方和剩余材料处理
NYH02120003	挖淤泥	m³	1. 围堰、排水 2. 开挖、装卸、运输 3. 弃方处理 4. 围堰拆除
NYH02130	局部维修填方		
NYH02130001	利用方填筑	m³	1. 施工防、排水及安全措施 2. 坡地挖台阶 3. 含水率调整、摊平、压实 4. 软基路段沉降及变位监测 5. 路基整修
NYH02130002	借方填筑	m³	1. 借方场资源费、非适用材料清除、地貌恢复、临时道路及安全措施等 2. 借方爆破、开挖、装卸、运输 3. 借方堆放、分理、解小、破碎 4. 施工防、排水 5. 坡地挖台阶 6. 含水率调整、摊平、压实 7. 软基路段沉降及变位监测 8. 路基整修
NYH02130003	结构物台背回填	m³	1. 挖运、掺配、拌和 2. 摊平、压实 3. 洒水或养护 4. 土工合成材料和防排水材料铺设 5. 整型
NYH02140	路基处治		
NYH02140001	路基翻浆处治		

续表 B.2-3

项目编码	项目名称	计量单位	计价工程内容
NYH021400010001	设置透水隔离层	m³	1. 挖运 2. 铺筑粗集料 3. 铺苔藓、泥炭、草皮或土工布等透水性材料防淤层 4. 连接路基边坡部位铺大块片石 5. 整型
NYH021400010002	增设盲沟	m	1. 挖盲沟槽 2. 填筑透水性材料、埋设带孔的泄水管 3. 沟面铺草皮
NYH02140002	路基注浆处治	m³	1. 注浆 2. 养生
NYH02150	修复或完善排水设施		
NYH02150001	边沟	m	1. 拆除破损部分 2. 基坑开挖整型 3. 片石准备或混凝土预制块预制、铺设垫层、砌筑勾缝 4. 沟底抹面及压顶 5. 预制安装盖板
NYH02150002	排水沟	m	
NYH02150003	截水沟	m	
NYH02150004	急流槽	m	1. 拆除破损部分 2. 挖基整型 3. 铺设垫层、砌筑勾缝或混凝土浇注（包括消力池、消力槛、抗滑台等附属设施） 4. 接头填塞 5. 抹面压顶
NYH02150005	盲（渗）沟	m	1. 拆除破损部分 2. 挖基整型 3. 垫层铺设 4. 土工材料设置、管材埋设或粒料填充 5. 出水口砌筑 6. 顶部封闭层铺设、回填
NYH02150006	拦水带	m	1. 拆除破损部分 2. 基坑开挖整型 3. 片石准备或混凝土预制块预制、铺设垫层、砌筑勾缝
NYH02150007	跌水井	个	1. 拆除破损部分 2. 基坑开挖整型 3. 垫层铺设 4. 混凝土拌和、运输、浇筑
NYH02160	修复或完善防护工程		

续表 B.2-3

项目编码	项目名称	计量单位	计价工程内容
NYH02160001	清理塌方、滑坡、风化碎石	m³	1. 开挖 2. 装卸、运输 3. 整修边坡 4. 弃方处理
NYH02160002	削坡	m³	1. 开挖 2. 装卸、运输 3. 整修边坡 4. 弃方处理
NYH02160003	修复或完善生态植被护坡		
NYH021600030001	铺（植）草皮	m²	1. 挖除破损部分 2. 整修边坡、铺设植土 3. 铺设草皮 4. 养护 5. 保养达到规定成活率
NYH021600030002	播植（喷播）草灌	m²	1. 挖除破损部分 2. 整修边坡、铺设植土 3. 播植（喷播）草灌 4. 养护 5. 保养达到规定成活率
NYH021600030003	客土喷播草灌	m²	1. 拆除破损部分 2. 喷播混合物准备 3. 平整坡面、喷播植草灌 4. 养护 5. 保养达到规定成活率
NYH021600030004	T2S生态植被	m²	1. 拆除破损部分 2. 基材混合物准备 3. 平整坡面、打设挂网锚杆 4. 挂网、喷混植草灌 5. 养护 6. 保养达到规定成活率
NYH021600030005	土工格室植草灌	m²	1. 拆除破损部分 2. 平整坡面 3. 铺设、连接、固定土工格室 4. 铺设植土、喷播植草灌 5. 养护 6. 保养达到规定成活率

续表 B.2-3

项目编码	项目名称	计量单位	计价工程内容
NYH021600030006	植生袋植草灌	m²	1. 拆除破损部分 2. 平整、拍实坡面 3. 植生袋摆放、拍实 4. 养护 5. 保养达到规定成活率
NYH02160004	修复或完善浆砌片石护坡		
NYH021600040001	骨架护坡	m²	1. 清洗、修补 2. 拆除破损部分 3. 整修边坡 4. 挖砌体槽或基坑并夯实、回填 5. 砌筑、勾缝及襟边等设置，铺设必要的垫层、滤水层及制作安装沉降缝、伸缩缝、泄水孔
NYH021600040002	满砌护坡		
NYH02160005	修复或完善混凝土护坡		
NYH021600050001	预制块骨架护坡	m²	1. 拆除破损部分 2. 整修边坡 3. 挖砌体（混凝土）槽或基坑并夯实、回填 4. 预制、铺设混凝土块或模注混凝土，设置襟边等 5. 铺设垫层、滤水层及制作安装沉降缝、伸缩缝、泄水孔
NYH021600050002	预制块满砌护坡		
NYH021600050003	现浇混凝土骨架护坡		
NYH021600050004	锚杆构架护坡	m²	1. 拆除破损部分 2. 整修边坡 3. 锚杆打设、模注构架混凝土 4. 铺设垫层及制作安装沉降缝、伸缩缝、泄水孔
NYH02160006	修复或完善挂网土工格栅喷浆防护边坡		
NYH021600060001	厚50mm喷浆防护边坡	m²	1. 拆除破损部分 2. 喷浆 3. 养生
NYH021600060002	每增加或减少10mm喷浆防护边坡	m²	
NYH021600060003	铁丝网	m²	1. 拆除破损部分 2. 整修边坡 3. 挂网或铺设土工格栅
NYH021600060004	土工格栅	m²	
NYH021600060005	锚杆	m	1. 拆除破损部分 2. 钻孔、清孔 3. 锚杆制作安装、灌浆

续表 B.2-3

项目编码	项目名称	计量单位	计价工程内容
NYH02160007	修复或完善挂网锚喷混凝土防护边坡（全坡面）		
NYH021600070001	厚50mm喷混凝土防护边坡		1. 拆除破损部分 2. 喷射混凝土 3. 养生
NYH021600070002	每增加或减少10mm喷混凝土防护边坡		
NYH021600070003	钢筋网	m^2	1. 拆除破损部分 2. 整修边坡 3. 挂网或铺设土工格栅
NYH021600070004	铁丝网		
NYH021600070005	土工格栅	m^2	
NYH021600070006	锚杆	m	1. 拆除破损部分 2. 钻孔、清孔 3. 锚杆制作安装、灌浆
NYH02160008	修复或完善坡面防护		
NYH021600080001	喷射混凝土（厚50mm）		1. 拆除破损部分 2. 整修边坡 3. 喷射混凝土或砂浆 4. 养生
NYH021600080002	每增加或减少10mm	m^2	
NYH021600080003	喷射水泥砂浆（厚50mm）		
NYH021600080004	每增加或减少10mm		
NYH02160009	预应力锚索（杆）边坡加固		
NYH021600090001	预应力锚索	m	1. 拆除破损部分 2. 场地清理 3. 钻孔、清孔及锚索制作安装（含护套） 4. 张拉、注浆 5. 锚固、封端
NYH021600090002	锚杆	m	1. 场地清理 2. 钻孔、清孔及锚杆制作安装（含护套） 3. 张拉、注浆 4. 锚固、封端
NYH021600090003	混凝土锚固板（墩）	m^3	1. 场地清理、挖基 2. 钢筋制作安装 3. 现浇或预制安装混凝土锚固板 4. 养护
NYH021600090004	注浆	m^3	1. 拆除破损部分 2. 注浆 3. 养生
NYH02160010	修复或完善护面墙		

续表 B.2-3

项目编码	项目名称	计量单位	计价工程内容
NYH021600100001	浆砌片（块）石护面墙	m³	1. 拆除破损部分 2. 整修边坡 3. 基坑开挖、回填并夯实 4. 砌筑、勾缝 5. 铺设垫层、滤水层及制作安装沉降缝、伸缩缝、泄水孔
NYH021600100002	混凝土护面墙		
NYH021600100003	钢筋混凝土护面墙	m³	1. 拆除破损部分 2. 整修边坡 3. 基坑开挖、回填并夯实 4. 钢筋制作、安装 5. 模注混凝土铺设垫层、滤水层及制作安装沉降缝、伸缩缝、泄水孔
NYH021600100004	条（料）石镶面	m²	1. 拆除破损部分 2. 砌筑、勾缝 3. 制作安装沉降缝、伸缩缝、泄水孔
NYH02160011	修复或完善挡土墙		
NYH021600110001	干砌片（块）石挡土墙	m³	1. 拆除破损部分 2. 围堰抽排水 3. 挖基、基底清理、垫层铺设 4. 砌筑 5. 铺设滤水层及制作安装沉降缝、伸缩缝、泄水孔 6. 基坑及墙背回填
NYH021600110002	浆砌片（块）石挡土墙	m³	1. 拆除破损部分 2. 围堰抽排水 3. 挖基、基底清理、垫层铺设 4. 砌筑、勾缝 5. 铺设滤水层及制作安装沉降缝、伸缩缝、泄水孔基坑及墙背回填
NYH021600110003	片石混凝土挡土墙	m³	1. 拆除破损部分 2. 围堰抽排水 3. 挖基、基底清理、垫层铺设 4. 钢筋制作安装及混凝土浇注、养生 5. 铺设滤水层及制作安装沉降缝、伸缩缝、泄水孔基坑及墙背回填
NYH021600110004	混凝土挡土墙		
NYH021600110005	钢筋混凝土挡土墙		
NYH021600110006	条（料）石镶面	m²	1. 拆除破损部分 2. 砌筑、勾缝 3. 制作安装沉降缝、伸缩缝、泄水孔

续表 B.2-3

项目编码	项目名称	计量单位	计价工程内容
NYH021600110007	挡墙混凝土承台（基础）	m³	1. 拆除破损部分 2. 模板制作、安装、拆除 3. 钢筋制作安装 4. 混凝土浇注、养生 5. 基础回填
NYH021600110008	挡墙灌注桩基础	m	1. 拆除破损部分 2. 搭设施工平台或围堰筑岛 3. 制作、埋设护筒 4. 护壁、成孔、清孔 5. 钢筋制作安装（含必要的检测管） 6. 混凝土灌注 7. 桩头处理
NYH021600110009	锚固挡土墙	m	1. 钻孔、清孔及锚杆制作安装（含护套） 2. 张拉、注浆 3. 锚固、封端
NYH021600110010	套墙加固	m³	1. 挖除部分墙后填土 2. 凿毛旧基础和旧墙身 3. 设置钢筋锚栓或石榫 4. 钢筋制作安装 5. 混凝土浇注、养生或砌筑 6. 铺设滤水层及制作安装沉降缝、伸缩缝、泄水孔 7. 墙背回填
NYH021600110011	增建支撑墙加固	m³	1. 挖基、基底清理 2. 钢筋制作安装 3. 混凝土浇注、养生或砌筑
NYH021600110012	喷涂水泥砂浆保护层	m²	1. 凿除风化表层 2. 喷涂水泥砂浆 3. 养生
NYH02160012	修复或完善锚杆挡土墙		
NYH021600120001	混凝土立柱	m³	1. 拆除破损部分 2. 挖基、基底清理 3. 模板制作安装 4. 现浇混凝土或预制、安装构件 5. 基坑及墙背回填
NYH021600120002	混凝土挡板		
NYH021600120003	钢筋	m	1. 拆除破损部分 2. 钢筋制作安装
NYH021600120004	锚杆		1. 拆除破损部分 2. 锚孔钻孔、清孔、锚杆制作安装、锚孔灌浆、抗拔力试验

续表 B.2-3

项目编码	项目名称	计量单位	计价工程内容
NYH02160013	修复或完善加筋土挡土墙		
NYH021600130001	浆砌片（块）石基础	m³	1. 拆除破损部分 2. 围堰抽排水 3. 挖基、基底处理及回填 4. 浇筑或砌筑基础 5. 沉降缝设置
NYH021600130002	混凝土基础		
NYH021600130003	混凝土帽石	m³	1. 拆除破损部分 2. 混凝土浇注
NYH021600130004	混凝土墙面板		1. 拆除破损部分 2. 预制安装墙面板 3. 沉降缝填塞、铺设滤水层、制作安装泄水孔 4. 墙面封顶
NYH02160014	修复或完善河道防护		
NYH021600140001	浆砌片（块）石河床铺砌	m³	1. 拆除破损部分 2. 围堰抽排水 3. 挖基、基底清理、垫层铺设 4. 砌筑、勾缝 5. 基坑回填、夯实
NYH021600140002	浆砌片石顺坝		
NYH021600140003	浆砌片石丁坝		
NYH021600140004	浆砌片石调水坝		
NYH021600140005	浆砌片石导流堤		
NYH021600140006	浆砌片石锥（护）坡		
NYH021600140007	干砌片（块）石		
NYH021600140008	混凝土护岸	m³	1. 拆除破损部分 2. 围堰抽排水 3. 挖基、铺设、垫层 4. 钢筋制作安装及混凝土浇注、养生 5. 基坑回填、夯实
NYH021600140009	钢筋混凝土护岸		
NYH02160015	修复或完善混凝土封顶	m³	1. 拆除破损部分 2. 混凝土浇注、养生
NYH02160016	抛石处理		
NYH021600160001	抛片（块）石	m³	1. 运石 2. 抛石 3. 灌浆
NYH021600160002	石笼抛石		
NYH02170	修复或完善路肩		

续表 B.2-3

项目编码	项目名称	计量单位	计价工程内容
NYH021700001	土路肩	m³	1. 挖除、修复 2. 清理现场
NYH0217000002	硬路肩	m³	1. 挖除、修复

4 第300章 路面工程

4.1 一般规定

4.1.1 本章为路面工程，主要包括挖除、铣刨、破碎旧路面，病害处治，修复或加铺各种垫层、底基层、基层和面层，修复或完善土工合成材料，修复或完善路面及路缘石等有关作业。

4.1.2 水泥混凝土路面维修包括破板修复、水泥混凝土路面板底灌浆、更换填缝料、裂缝维修、错台处治、机械刻槽、露骨处治、修复剥落的边角等。水泥混凝土路面维修中的模板制作安装，缩缝、胀缝的制作及填灌缝（除更换填缝料），传力杆、拉杆、补强钢筋及其支架钢筋，以及养护用的养护剂、覆盖的麻袋、养护器材等，均包括在相应的工程细目中，不另行计量。

4.1.3 沥青混凝土路面维修包括纵横向裂缝维修，块状裂缝、龟裂维修，沉陷、坑槽、车辙、翻浆、波浪、搓板、拥包、泛油处理，麻面、松散、脱皮、啃边处理等。养护用的养护剂、覆盖的麻袋、养护器材等，均包括在相应的工程细目中，不另行计量。

4.1.4 病害处治包括了各种沥青路面裂缝类、松散类、变形类及其他类的病害处治。

4.1.5 修复水泥混凝土路面中的模板制作安装，缩缝、胀缝的制作及填灌缝（除单独的更换填缝料外），传力杆、拉杆、补强钢筋及其支架钢筋，以及养护用的养护剂、覆盖的麻袋、养护器材等，均包括在浇筑相应的工程细目中，不另行计量。

4.1.6 沥青混凝土和水泥混凝土路面中的改性剂等各种外掺材料，均包含在相应的工程细目中，不另行计量。

4.1.7 沥青混合料、水泥混凝土和（底）基层混合料拌和场站、储料场的建设、拆除、恢复均包括在相应的工程细目中，不另行计量。

4.2 计价规则

4.2.1 路基工程中的工程量清单项目设置及计价工程内容，应按表 B.2-4 的规定执行。

表 B.2-4 路面工程

项目编码	项目名称	计量单位	计价工程内容
NYH03100	挖除、铣刨、破碎旧路面		
NYH03100001	水泥混凝土路面		
NYH031000010001	水泥路面多锤头碎石化	m²	1. 多锤头破碎机对旧水泥路面进行彻底的破碎、稳定
NYH031000010002	水泥路面多镐头碎石化	m²	1. 镐头对旧水泥路面进行彻底的破碎、稳定
NYH031000010003	水泥路面共振碎石化	m²	1. 共振破碎机对旧水泥路面进行彻底的破碎、稳定
NYH031000010004	挖除	m³	1. 挖除、装卸、运输和定点堆放 2. 挖除后平整压实
NYH031000010005	破板修复		
NYH0310000100050001	水泥混凝土	m²	1. 挖、凿破损混凝土，周边凿毛、冲洗、配料、拌和、浇筑（加铺）、捣固（压实）、养生、填灌缝 2. 拉杆、传力杆、接缝、补强钢筋及其支架钢筋制作安装 3. 压（刻）纹（槽）
NYH0310000100050002	沥青混凝土加铺		
NYH031000010006	水泥混凝土路面板底灌（注）浆	m²	1. 灌（注）浆孔制作、恢复 2. 配料、拌和、运料、压浆
NYH031000010007	更换填缝料	m	1. 切缝，清除缝中杂物，配料，灌注，整平
NYH031000010008	裂缝灌缝	m	1. 切缝，清除缝中杂物，填、灌填缝料
NYH031000010009	错台处治	m	1. 磨平、清除缝内杂物、吹净灰尘、填入嵌缝料
NYH031000010010	机械刻槽	m²	1. 刻槽 2. 清理现场
NYH031000010011	露骨处治	m²	1. 处治
NYH031000010012	修复剥落边角	m	1. 清理干净剥落的板边，用沥青混凝土或接缝材料修补平整 2. 修复
NYH03100002	沥青混凝土路面		

续表 B.2-4

项目编码	项目名称	计量单位	计价工程内容
NYH031000020001	铣刨	m^3	1. 铣刨、装卸、运输和定点堆放 2. 铣刨后清理现场
NYH031000020002	挖除		1. 挖除、装卸、运输和定点堆放 2. 挖除后平整压实
NYH031000020003	纵横向裂缝维修	m	1. 清扫裂缝 2. 熬油，运输，喷灯加温，灌缝，撒砂填充，熨平 3. 清理现场
NYH031000020004	块状裂缝、龟裂维修		1. 清扫裂缝 2. 熬油，运输，喷灯加温，灌缝，撒砂填充，熨平 3. 清理现场
NYH03100003	挖除块石路面	m^3	1. 不同路面结构层厚度的挖除、装卸、运输和定点堆放 2. 挖除后平整压实
NYH03100004	挖除泥结碎（砾）石路面		
NYH03100005	挖除基层		
NYH03100006	挖除底基层		
NYH03100007	挖除旧路肩		
NYH031000070001	土路肩	m^3	1. 不同路面结构层厚度的挖除、装卸、运输和定点堆放 2. 挖除后平整压实
NYH031000070002	水泥混凝土硬路肩		
NYH031000070003	沥青混凝土硬路肩		
NYH03100008	拆除路缘石、侧（平）石		
NYH03110	裂缝类病害处治		
NYH03110001	龟裂处治	m^2	1. 铺设土工合成材料 2. 封层（乳化沥青稀浆封层或沥青混合料封层）、改性沥青薄层罩面或单层沥青表处
NYH03110002	不规则裂缝处治	m^2	1. 清扫路面 2. 喷洒少量沥青（或乳化沥青） 3. 匀撒石屑（或粗砂） 4. 碾压 5. 初期养护
NYH03110003	缝宽在5mm以上的纵横向裂缝处治	m^2	1. 除去已松动的裂缝边缘 2. 沥青混合料（或乳化沥青）拌和、运输、填缝、捣实 3. 初期养护
NYH03120	松散类病害处治		

续表 B.2-4

项目编码	项目名称	计量单位	计价工程内容
NYH03120001	坑槽修补		
NYH031200010001	厚40mm	m²	1. 划线，开槽，清底，熬油，运输，刷油，配料，拌和，摊铺，碾压
NYH031200010002	每增加或减少10mm	m²	
NYH03120002	松散处治	m²	1. 收集松动的矿料，喷洒沥青、石屑或粗砂，稀浆封层处治，或挖除松散部分，重作面层
NYH03120003	麻面处治	m²	1. 清扫、喷洒稠度较高的沥青，撒嵌缝料 2. 清理现场
NYH03120004	脱皮处治	m²	1. 清除已脱落和已松动部分 2. 重做上封层；涂刷黏结沥青，重作沥青层；喷洒透层沥青、重作面层
NYH03120005	啃边处治	m²	1. 挖除破损部分 2. 涂沥青、配料、拌和、运输、摊铺、碾压
NYH03130	变形类病害处治		
NYH03130001	沉陷处治	m²	1. 划线，开槽，清底，熬油，运输，刷油，配料，拌和，摊铺，碾压
NYH03130002	车辙处治	m²	1. 切削或刨除面层、清除夹层 2. 喷洒或涂沥青、配料、拌和、运输、摊铺、碾压
NYH03130003	波浪处治	m²	1. 铣刨削平凸出部分、喷洒沥青、撒矿料、扫匀、找平、压实，或全部挖除面层、喷洒或涂沥青、配料、拌和、运输、摊铺、碾压
NYH03130004	搓板处治	m²	1. 铣刨削平凸出部分、喷洒沥青、撒矿料、扫匀、找平、压实，或全部挖除面层、喷洒或涂沥青、配料、拌和、运输、摊铺、碾压
NYH03130005	拥包处治	m²	1. 挖除 2. 清扫、洒油、运输、配料、拌和、运输、摊铺、碾压
NYH03140	其他类病害处治		
NYH03140001	泛油处治	m²	1. 撒碎石、石屑或粗砂、碾压，或挖除、清扫、洒油、运输、配料、拌和、运输、摊铺、碾压
NYH03140002	磨光处治	m²	1. 铣刨或加铺抗滑层（或罩面）
NYH03140003	翻浆处治	m²	1. 挖除 2. 清扫、整理下承层，配料、拌和、铺筑、夯实、养生

续表 B.2-4

项目编码	项目名称	计量单位	计价工程内容
NYH03140004	冻胀处治	m²	1. 挖除 2. 清扫、整理下承层，配料、拌和、铺筑、夯实、养生
NYH03140005	结构物接顺及其他路面维修		
NYH031400050001	砂石路面维修	m²	1. 清扫、整平路面，洒水，拉毛 2. 配料、拌和、铺筑、养生 3. 清理现场
NYH031400050002	块石路面维修	m²	1. 拆除破损部分，清理 2. 铺筑，整型，养护 3. 清理现场
NYH031400050003	稳定基层维修	m³	1. 挖除，清理 2. 拌和，铺筑，碾压，养护 3. 清理现场
NYH031400050004	结构物接顺处理	m²	1. 铣刨，清扫，洒油，配料，拌和，摊铺，碾压，养护，清理现场
NYH03140006	缘石、侧石、平石维修		
NYH031400060001	刷白	m	1. 清理 2. 配料，刷涂料
NYH031400060002	维修与更换	m	1. 拆除，清理 2. 预制，运输，安装
NYH03150	**修复或加铺调平层（垫层）**		
NYH03150001	碎石调平层	m³	1. 挖除破损部分 2. 清理下承面、洒水湿润 3. 配运料 4. 摊铺、整型 5. 碾压 6. 养护
NYH03150002	砂砾调平层		
NYH03160	**修复或加铺底基层（垫层）**		
NYH03160001	级配碎（砾）石底基层		

续表 B.2-4

项目编码	项目名称	计量单位	计价工程内容
NYH031600010001	厚200mm	m²	1. 挖除破损部分 2. 清理下承面、洒水湿润 3. 拌和、运输 4. 摊铺、整型 5. 压实 6. 养护
NYH031600010002	每增加或减少10mm		
NYH03160002	水泥稳定碎石底基层		
NYH031600020001	厚200mm	m²	1. 挖除破损部分 2. 清理下承面、洒水湿润 3. 拌和、运输 4. 摊铺、整型 5. 压实 6. 养护
NYH031600020002	每增加或减少10mm		
NYH03170	修复或加铺基层		
NYH03170001	水泥稳定碎（砾）石基层		
NYH031700010001	厚200mm	m²	1. 挖除破损部分 2. 清理下承面、洒水湿润 3. 拌和、运输 4. 摊铺、整型 5. 压实 6. 养护
NYH031700010002	每增加或减少10mm		
NYH03170002	石灰粉煤灰碎（砾）石基层		
NYH031700020001	厚200mm	m²	1. 挖除破损部分 2. 清理下承面、洒水湿润 3. 拌和、运输 4. 摊铺、整型 5. 压实 6. 养护
NYH031700020002	每增加或减少10mm		
NYH03170003	贫混凝土		
NYH031700030001	厚200mm	m²	1. 挖除破损部分 2. 清理下承面、湿润 3. 模板架设和拆除 4. 拌和、运输 5. 摊铺、振捣、抹平 6. 养生等
NYH031700030002	每增加或减少10mm		

续表 B.2-4

项目编码	项目名称	计量单位	计价工程内容
NYH03170004	水稳基层非开挖注浆加固	m²	1. 配制聚合物灌浆材料 2. 高压注入基层空隙中 3. 养生等
NYH03170005	沥青就地冷再生		
NYH031700050001	厚100mm	m²	1. 铣刨旧沥青路面 2. 喷入泡沫沥青进行拌和 3. 整平、碾压 4. 养生等
NYH031700050002	每增加或减少10mm		
NYH03170006	沥青厂拌冷再生		
NYH031700060001	厚100mm	m²	1. 铣刨旧沥青路面 2. 在固定的专门再生拌和设备上对铣刨材料添加稳定剂，拌和形成成品再生混合料 3. 运输、摊铺、碾压 4. 养生等
NYH031700060002	每增加或减少10mm		
NYH03180	修复或加铺透层、黏层和封层		
NYH03180001	透层	m²	1. 挖除破损部分 2. 清理下承面 3. 沥青加热、洒油、撒布石屑或粗砂 4. 养护
NYH03180002	黏层		
NYH03180003	封层		
NYH031800030001	表处封层	m²	1. 挖除破损部分 2. 清理下承面 3. 沥青加热、洒油、撒布矿料 4. 压实、养护
NYH031800030002	稀浆封层		1. 挖除破损部分 2. 清理下承面 3. 拌和 4. 摊铺、压实 5. 养护
NYH03180004	微表处	m²	1. 挖除破损部分 2. 清理下承面 3. 拌和、运输、摊铺、压实 4. 养护
NYH03190	修复或加铺沥青路面		
NYH03190001	细粒式沥青混凝土		

续表 B.2-4

项目编码	项目名称	计量单位	计价工程内容
NYH031900010001	厚40mm	m²	1. 挖除破损部分 2. 清理下承面 3. 拌和、运输 4. 摊铺、整型 5. 压实 6. 初期养护
NYH031900010002	每增加或减少10mm		
NYH03190002	中粒式沥青混凝土		
NYH031900020001	厚50mm	m²	1. 挖除破损部分 2. 清理下承面 3. 拌和、运输 4. 摊铺、整型 5. 压实 6. 初期养护
NYH031900020002	每增加或减少10mm		
NYH03190003	粗粒式沥青混凝土		
NYH031900030001	厚60mm	m²	1. 挖除破损部分 2. 清理下承面 3. 拌和、运输 4. 摊铺、整型 5. 压实 6. 初期养护
NYH031900030002	每增加或减少10mm		
NYH03190004	沥青碎石路面		
NYH031900040001	厚60mm	m²	1. 挖除破损部分 2. 清理下承面 3. 拌和、运输 4. 摊铺、整型 5. 压实 6. 初期养护
NYH031900040002	每增加或减少10mm		
NYH03190005	桥头加铺		
NYH031900050001	细粒式沥青混凝土	m³	1. 清理下承面 2. 拌和、运输 3. 摊铺、整型 4. 压实 5. 初期养护
NYH031900050002	中粒式沥青混凝土		

续表 B.2-4

项目编码	项目名称	计量单位	计价工程内容
NYH03200	修复或加铺沥青表面处治及其他面层		
NYH03200001	沥青表面处治	m²	1. 挖除破损部分 2. 清理下承面 3. 沥青拌和（或加热）、运输 4. 摊铺（或铺料、洒油）、整型 5. 压实 6. 初期养护
NYH03200002	沥青贯入式路面	m²	1. 挖除破损部分 2. 清理下承面 3. 沥青加热、运输 4. 铺料、洒油、整型 5. 压实 6. 初期养护
NYH03200003	泥结碎（砾）石路面	m²	1. 挖除破损部分 2. 清理下承面 3. 铺料、整型 4. 调浆、灌浆、撒嵌缝料、洒水 5. 压实 6. 铺保护层
NYH03200004	级配碎（砾）石路面	m²	1. 挖除破损部分 2. 清理下承面 3. 铺料、整型 4. 调浆、灌浆、撒嵌缝料、洒水 5. 压实 6. 铺保护层
NYH03200005	块石路面	m²	1. 挖除破损部分 2. 清理下承面 3. 铺筑、整型 4. 初期养护
NYH03210	修复或加铺改性沥青混凝土路面		
NYH03210001	细粒式改性沥青混凝土		
NYH032100010001	厚40mm	m²	1. 挖除破损部分 2. 清理下承面 3. 拌和（含各种外掺材料添加）、运输 4. 摊铺、整型 5. 压实 6. 初期养护
NYH032100010002	每增加或减少10mm		

续表 B.2-4

项目编码	项目名称	计量单位	计价工程内容
NYH03210002	中粒式改性沥青混凝土		
NYH032100020001	厚40mm	m²	1. 挖除破损部分 2. 清理下承面 3. 拌和（含各种外掺材料添加）、运输 4. 摊铺、整型 5. 压实 6. 初期养护
NYH032100020002	每增加或减少10mm		
NYH03210003	SMA面层		
NYH032100030001	厚40mm	m²	1. 挖除破损部分 2. 清理下承面 3. 拌和（含各种外掺材料添加）、运输 4. 摊铺、整型 5. 压实 6. 初期养护
NYH032100030002	每增加或减少10mm		
NYH03220	修复或加铺透水性沥青混凝土路面		
NYH03220001	细粒式透水性沥青混凝土		
NYH032200010001	厚40mm	m²	1. 挖除破损部分 2. 清理下承面 3. 拌和（含各种外掺材料添加）、运输 4. 摊铺、整型 5. 压实 6. 初期养护
NYH032200010002	每增加或减少10mm		
NYH03220002	中粒式透水性沥青混凝土		
NYH032200020001	厚50mm	m²	1. 挖除破损部分 2. 清理下承面 3. 拌和（含各种外掺材料添加）、运输 4. 摊铺、整型 5. 压实 6. 初期养护
NYH032200020002	每增加或减少10mm		
NYH03230	沥青混凝土再生路面		

续表 B.2-4

项目编码	项目名称	计量单位	计价工程内容
NYH03230001	冷再生		
NYH032300010001	厚 20mm	m²	1. 翻挖路面 2. 清理下承面 3. 拌和（含再生剂添加）、运输 4. 摊铺、整型、压实 5. 初期养护
NYH032300010002	每增加或减少 10mm		
NYH03230002	热再生		
NYH032300020001	厚 40mm	m²	1. 铣刨（翻挖）病害路面 2. 清理下承面 3. 掺加沥青黏合剂混合、添加部分新集料、再生料重新铺在原路面上、碾压成型 4. 初期养护
NYH032300020002	每增加或减少 10mm		
NYH03230003	封边	m	1. 封边 2. 清理现场
NYH03240	修复水泥混凝土路面		
NYH03240001	破板修复	m²	1. 破碎、清除旧混凝土 2. 清理下承面、湿润 3. 模板架设和拆除 4. 拌和、运输 5. 摊铺、振捣、抹平或碾压 6. 拉杆、传力杆及接缝制作安装 7. 补强及其支架钢筋制作安装 8. 压（刻）纹（槽） 9. 切缝、填灌缝 10. 养生
NYH03240002	板底灌浆	m³	1. 布设灌浆孔 2. 清除干净孔中的混凝土碎屑、杂物，并保持干燥 3. 灌浆、堵孔 4. 养生
NYH03240003	接缝材料更换	m	1. 清除旧填缝料和杂物，吹净缝内灰尘 2. 加热填缝料或按材料配比配制填缝料 3. 灌填缝料 4. 养生

续表 B.2-4

项目编码	项目名称	计量单位	计价工程内容
NYH03240004	裂缝维修	m²	1. 切缝、凿除及清除缝中混凝土，打钯钉、填砂浆、周边凿毛、浇筑混凝土、修补块面板两侧、加深缩缝、灌注填缝料 2. 划线、锯缝、破碎和清除旧混凝土、整平基层、配料、拌和、浇筑、捣固、接缝、养生 3. 修复、安设传力杆和拉杆、灌环氧砂浆 4. 在相邻板块横边的下方暗挖一块面积
NYH03240005	错台处治	m²	1. 磨平、清除缝内杂物、吹净灰尘、填入嵌缝料
NYH03240006	刻纹	m²	1. 路面清扫 2. 刻纹 3. 冲洗
NYH03250	修复或完善土工合成材料		
NYH03250001	土工布	m²	1. 下层整平 2. 铺设土工材料 3. 搭接及锚固或粘贴土工材料
NYH03250002	土工格栅		
NYH03250003	玻纤格栅		
NYH03260	修复或完善路缘石	m	1. 拆除破损部分 2. 清理下承面、垫层铺设 3. 构件预制、运输 4. 砌筑、勾缝

5 第400章 桥梁、涵洞工程

5.1 一般规定

5.1.1 本章为桥梁、涵洞工程，主要有桥面系修复、桥梁加固、桥梁支座的维修与更换、墩台基础加固、墩台加固、锥坡、翼墙维修加固及其他设施修复、涵洞的维修等内容。

5.1.2 本章所列工程项目涉及的养护、场地清理、废方弃运堆放、吊装设备、拱盔、挂篮、支架、工作平台、脚手架的搭设及拆除、模板的安装及拆除，均包括在相应工程项目内，不另行计量。

5.1.3 混凝土拌和场站、构件预制场、储料场的建设、拆除、恢复，安装架设设备摊销、预应力张拉台座的设置及拆除均包括在相应工程项目中，不另行计量。

5.1.4 桥面系修复包括了梁板更换、桥面铺装、排水设施、人行道、栏杆、护栏、防撞墙、桥上照明设施修理，伸缩装置更换、桥头搭板、枕梁等桥面系养护工程。

5.1.5 桥梁加固包括了钢筋（预应力）混凝土梁桥、拱桥、钢桥、钢-混凝土组合梁桥、斜拉桥、悬索桥（吊桥）等桥梁上部结构加固，以及桥梁抗震加固。其中，钢-混凝土组合梁桥的钢结构部分加固，已列入参照钢桥的加固中，未单独列出。

5.1.6 墩台修复包括了墩台基础、墩台、锥坡、翼墙的修复和加固。

5.1.7 涵洞的维修包括了地基处理，涵洞进、出水口处、基础处理、侧墙和翼墙、涵洞的接长、涵洞的加固、涵洞的重建等维修加固工程内容。

5.2 计价规则

5.2.1 工程量清单项目设置及计价工程内容，应按表 B.2-5 的规定执行。

表 B.2-5 桥梁、涵洞工程

项目编码	项目名称	计量单位	计价工程内容
NYH04100	桥面系修复		
NYH04100001	桥面铺装修复		
NYH041000010001	凿除	m³	1. 凿除前原有交通、排水等相关内容的妥善处理 2. 凿除、装卸、运输和定点堆放
NYH041000010002	重新铺装	m²	1. 清理下承面、湿润 2. 修复防水层 3. 模板架设和拆除 4. 拌和、运输 5. 摊铺、振捣、抹平或碾压 6. 拉杆、传力杆及接缝制作安装 7. 压（刻）纹（槽） 8. 养生
NYH041000010003	重铺或增设防水层	m²	1. 桥面清洗 2. 防水黏结层喷涂 3. 防水层铺设
NYH041000010004	水泥混凝土桥面	m²	1. 挖、凿破损混凝土，周边凿毛、冲洗、配料、拌和、填筑、捣固、养生 2. 拉杆、传力杆、接缝、补强钢筋及其支架钢筋制作安装 3. 压（刻）纹（槽）

续表 B.2-5

项目编码	项目名称	计量单位	计价工程内容
NYH041000010005	沥青混凝土桥面	m²	1. 清除脱落和破损部分或铣刨、废料处运、清扫 2. 配料、拌和、运输、摊铺、碾压、养生 3. 清理现场
NYH041000010006	防水层	m²	1. 清除 2. 桥面清洗 3. 防水黏结层喷涂 4. 防水层重新铺设
NYH04100002	排水设施修复或完善	座	1. 拆除、装卸、运输和定点堆放 2. 安装
NYH041000020001	泄水管	套	1. 疏通、拆除破损部分 2. 清理干净 3. 局部更换
NYH041000020002	排水槽	m	1. 疏通、拆除破损部分 2. 清理干净 3. 局部更换
NYH04100003	人行道、栏杆、护栏、防撞墙修复		
NYH041000030001	人行道	m	1. 凿除、废弃 2. 拌和、运输 3. 混凝土浇注
NYH041000030002	栏杆		
NYH041000030003	护栏		
NYH041000030004	防撞墙		
NYH04100004	桥上照明设施修理	座	1. 拆除、废弃 2. 重新安装
NYH04100005	伸缩装置更换（按伸缩结构类型和伸缩量）	m	1. 凿除、清除、废弃 2. 制作安装伸缩缝及橡胶止水片、沥青类等接缝材料 3. 伸缩槽口混凝土浇筑（含钢筋）
NYH04100006	桥头搭板、枕梁修复		
NYH041000060001	搭板	m³	1. 凿除、清除、废弃 2. 铺设垫层 3. 现场浇注或预制安装构件
NYH041000060002	枕梁		
NYH04110	钢筋（预应力）混凝土梁桥加固		
NYH04110001	钢筋混凝土加大截面		
NYH041100010001	钢筋	m	1. 制作、安装
NYH041100010002	混凝土	m³	1. 围堰、排水、基坑处理 2. 混凝土浇筑、养生

续表 B.2-5

项目编码	项目名称	计量单位	计价工程内容
NYH04110002	增加钢筋	m	1. 制作、安装（植入） 2. 与混凝土固结
NYH04110003	粘贴钢板	m	1. 整平（被）贴面 2. 制作、粘贴钢板
NYH04110004	粘贴碳纤维、特种玻璃纤维	m²	1. 制作、粘贴
NYH04110005	预应力加固		
NYH041100050001	穿钢束进行张拉	kg	1. 制作安装预应力钢材 2. 安装锚具、锚板 3. 张拉、压浆、封锚
NYH041100050002	增加体外束进行张拉		
NYH041100050003	竖向预应力加固		
NYH041100050004	原钢束重新张拉	kg	1. 张拉 2. 重新压浆
NYH04110006	改变梁体截面形式	m³	1. 支架（含基础处理、预压）及模板制作、安装、拆除 2. 钢筋制作、安装 3. 混凝土浇筑、养生
NYH04110007	增加横隔板		
NYH04110008	简支变连续		
NYH04110009	更换主梁	m³	1. 拆除原主梁 2. 现浇主梁或预制、安装主梁 3. 钢筋制作安装 4. 养生
NYH04120	拱桥加固		
NYH04120001	主拱圈强度不足、拱腹面加固		
NYH041200010001	粘贴钢板	m	1. 整平（被）贴面 2. 制作、粘贴钢板
NYH041200010002	浇筑钢筋混凝土	m³	1. 支架（含基础处理、预压）及模板制作、安装、拆除 2. 钢筋制作、安装 3. 混凝土浇筑、养生
NYH041200010003	布设钢筋网喷射混凝土	m²	1. 支架（含基础处理、预压）及模板制作、安装、拆除 2. 喷射混凝土或砂浆、养生
NYH041200010004	布设钢筋网喷射水泥砂浆	m²	

续表 B.2-5

项目编码	项目名称	计量单位	计价工程内容
NYH041200010005	拱肋间加底板	m³	1. 支架（含基础处理、预压）及模板制作、安装、拆除 2. 钢筋制作、安装 3. 混凝土浇筑、养生
NYH041200010006	腹面用衬拱	m³	
NYH04120002	主拱圈强度不足、拱背面加固		
NYH041200020001	钢筋	m	1. 制作、安装
NYH041200020002	混凝土	m³	1. 支架（含基础处理、预压）及模板制作、安装、拆除 2. 混凝土浇筑、养生
NYH04120003	拱肋、拱上立柱、纵横梁、桁架拱、刚架拱的杆件损坏加固		
NYH041200030001	粘贴钢板	m	1. 制作、粘贴
NYH041200030002	粘复合纤维片材	m²	1. 制作、粘贴
NYH04120004	桁架拱、刚架拱及拱上框架的节点加固		
NYH041200040001	粘贴钢板	m	1. 制作、粘贴
NYH041200040002	粘复合纤维片材	m²	1. 制作、粘贴
NYH04120005	拱圈的环向连接加固		
NYH041200050001	嵌入剪力键	m	1. 支架（含基础处理、预压）及模板制作、安装、拆除 2. 嵌入 3. 环氧砂浆拌和、灌入、养生
NYH04120006	拱肋之间的横向连接加强		
NYH041200060001	钢筋	m	1. 制作、安装
NYH041200060002	混凝土	m³	1. 支架（含基础处理、预压）及模板制作、安装、拆除 2. 混凝土浇筑、养生
NYH04120007	锈蚀、断丝或滑丝的吊杆更换	m	1. 支架（含基础处理、预压）制作、安装、拆除 2. 拆除、安装吊杆
NYH04120008	钢管混凝土拱肋拱脚区段或其他构件加固		

续表 B.2-5

项目编码	项目名称	计量单位	计价工程内容
NYH041200080001	包裹钢筋混凝土	m³	1. 支架（含基础处理、预压）及模板制作、安装、拆除 2. 钢筋制作、安装 3. 混凝土浇筑、养生
NYH04120009	改变结构体系改善结构受力		
NYH041200090001	加设拉杆	m	1. 支架（含基础处理、预压）制作、安装、拆除 2. 制作、安装
NYH04120010	拱上建筑更换	m³	1. 原拱上建筑挖、装、运、卸 2. 新材料回填
NYH04120011	桥面加固		
NYH041200110001	更换桥面板	m³	1. 拆除原桥面板 2. 预制、安装桥面板
NYH041200110002	增加钢筋网	m	1. 制作、安装
NYH041200110003	加厚桥面铺装	m³	1. 清理原桥面、湿润 2. 模板架设和拆除 3. 拌和、运输 4. 摊铺、振捣、抹平或碾压 5. 拉杆、传力杆及接缝制作安装 6. 压（刻）纹（槽） 7. 切缝、填灌缝 8. 养生
NYH041200110004	换用钢纤维混凝土	m³	1. 凿除原桥面 2. 清理下承面、湿润 3. 模板架设和拆除 4. 拌和、运输 5. 摊铺、振捣、抹平或碾压 6. 拉杆、传力杆及接缝制作安装 7. 压（刻）纹（槽） 8. 切缝、填灌缝 9. 养生
NYH04120012	墩、台变位引起拱圈开裂加固		
NYH041200120001	修补拱圈	m²	1. 修补拱圈裂缝
NYH04130	钢桥加固		
NYH04130001	杆件加固		

续表 B.2-5

项目编码	项目名称	计量单位	计价工程内容
NYH041300010001	补贴钢板	m	1. 锉平钢板边缘 2. 制作、补贴 3. 装卸、运输、吊装
NYH041300010002	钢夹板夹紧并铆接加固	m	1. 锉平钢板边缘 2. 制作、夹紧、铆接 3. 装卸、运输、吊装
NYH041300010003	增设水平加劲肋、竖向加劲肋	m	1. 加工制作、吊装、安装 2. 装卸、运输、吊装
NYH041300010004	补加新钢板、角钢或槽钢	m	1. 制作、栓接、铆接或焊接 2. 装卸、运输、吊装
NYH041300010005	加设加劲杆件	m	1. 加工制作、吊装、安装 2. 装卸、运输、吊装
NYH041300010006	加设短角钢	m	1. 制作、栓接、铆接或焊接 2. 装卸、运输、吊装
NYH04130002	恢复和提高整桥承载力		1. 构件加工制作 2. 吊装、拼接件制作安装 3. 防护处理 4. 构件装卸、运输、吊装
NYH041300020001	增设补充钢梁	m	
NYH041300020002	增设加劲梁	m	
NYH041300020003	增设拱式桁架结构	m	
NYH041300020004	增设悬索结构	m	
NYH041300020005	增设竖杆及必要斜杆	m	
NYH041300020006	增设体外预应力	m	1. 制作安装管道、预应力钢材 2. 安装锚具、锚板 3. 张拉 4. 防锈
NYH04140	钢-混凝土组合梁桥加固		
NYH04140001	钢筋混凝土桥面板加固		
NYH041400010001	高强度等级微膨胀混凝土填补	m³	1. 模板制作、安装、拆除 2. 混凝土浇筑、养生
NYH041400010002	重新浇筑混凝土桥面板	m³	1. 拆除旧桥面 2. 临时支架制作安装及拆除 3. 使钢梁产生反拱 4. 模板制作、安装、拆除 5. 钢筋或钢筋网制作安装 6. 混凝土浇筑、养生

续表 B.2-5

项目编码	项目名称	计量单位	计价工程内容
NYH041400010003	更换预制板	m³	1. 拆除旧桥面板 2. 支架、模板制作、安装、拆除 3. 钢筋制作安装、混凝土（含接缝混凝土）浇筑、养生 4. 临时预压应力施工、释放
NYH041400010004	增设剪力键	m	1. 支架（含基础处理、预压）及模板制作、安装、拆除 2. 增设 3. 环氧砂浆拌和、灌入、养生
NYH04150	桥梁支座的维修与更换		
NYH04150001	桥梁支座的维修	个	1. 维修 2. 清理现场
NYH04150002	桥梁支座更换	个	1. 更换 2. 清理现场
NYH04150003	桥梁支座增设	个	1. 安装（含附属工程及钢板等附件） 2. 清理现场
NYH04160	墩台基础加固		
NYH04160001	重力式基础加固		
NYH041600010001	增设连接钢筋	m	1. 旧基础表面刷洗干净、凿毛 2. 钢筋或钢销制作、安装
NYH041600010002	增设连接钢销		
NYH041600010003	浇筑混凝土扩大原基础	m³	1. 围堰、排水、基坑处理 2. 模板制作、安装、拆除 3. 混凝土浇筑、养生
NYH041600010004	增设新的扩大基础	m³	1. 围堰、排水、基坑处理 2. 模板制作、安装、拆除 3. 混凝土浇筑（或砌筑）、养生
NYH041600010005	加设钢筋混凝土实体耳墙	m³	1. 支架、模板、劲性骨架制作安装及拆除 2. 钢筋、钢材制作安装 3. 混凝土现浇浇筑或预制安装 4. 养生
NYH04160002	桩基础加固		
NYH041600020001	扩大桩径	m³	1. 通风、排水 2. 设置支撑和护壁 3. 灌注混凝土
NYH041600020002	桩基灌（压）浆	m³	1. 通风、排水 2. 灌（压）浆养生

续表 B.2-5

项目编码	项目名称	计量单位	计价工程内容
NYH041600020003	加桩	m	1. 通风、排水 2. 设置支撑和护壁 3. 挖孔、清孔 4. 灌注混凝土 5. 桩头处理
NYH041600020004	扩大承台	m^3	1. 套箱或模板制作、安装、拆除 2. 封底混凝土浇注 3. 结构混凝土浇筑、养生
NYH04160003	人工地基加固		
NYH041600030001	地基注浆	m^3	1. 各种浆液及加固剂注入或搅拌于土层中
NYH041600030002	地基旋喷注浆		
NYH041600030003	地基深层搅拌		
NYH04160004	基础防护加固		
NYH041600040001	灌注水下混凝土填补冲空部分	m^3	1. 灌注水下混凝土
NYH041600040002	混凝土填补冲空部分	m^3	1. 围堰排水 2. 清除岩层严重风化部分 3. 混凝土浇筑
NYH041600040003	编织袋装干硬性混凝土填补冲空部分	m^3	1. 编织袋装干硬性 2. 潜水 3. 分层填塞
NYH041600040004	水泥砂浆防护	m^3	1. 水泥砂浆拌和、浇筑
NYH041600040005	增设新的调治构造物	m^3	1. 围堰抽排水 2. 挖基、基底清理、垫层铺设 3. 砌筑、勾缝 4. 基坑回填、夯实
NYH04160005	基础平面防护加固		
NYH041600050001	打梅花桩	m^3	1. 打梅花桩 2. 块、片石砌平卡紧梅花桩
NYH041600050002	抛石防护	m^3	1. 运石 2. 抛石
NYH041600050003	水泥混凝土板、水泥预制块	m^3	1. 混凝土现浇或预制安装
NYH041600050004	铁丝笼	m^3	1. 编铁丝笼或竹笼 2. 安设、填石
NYH041600050005	竹笼		
NYH041600050006	增设新的调治构造物	座	1. 围堰抽排水 2. 挖基、基底清理、垫层铺设 3. 砌筑、勾缝 4. 基坑回填、夯实

续表 B.2-5

项目编码	项目名称	计量单位	计价工程内容
NYH04160006	基础沉降、滑移、倾斜加固		
NYH041600060001	换填台背填料	m³	1. 原台背填料挖、装、运、卸 2. 新材料回填
NYH041600060002	增设钢筋混凝土支撑梁	m³	1. 支架、模板、劲性骨架制作安装及拆除 2. 钢筋制作安装 3. 混凝土现场浇筑或预制安装 4. 养生
NYH041600060003	增设浆砌片石支撑板	m³	1. 砌筑
NYH041600060004	增设挡墙、支撑杆、挡块	m³	1. 支架、模板、劲性骨架制作安装及拆除 2. 钢筋制作安装 3. 混凝土现场浇筑或砌筑 4. 养生
NYH041600060005	加厚、增设翼墙		
NYH041600060006	增设拉杆	m	1. 支架（含基础处理、预压）制作、安装、拆除 2. 制作、安装
NYH041600060007	调整或顶升上部结构	孔	1. 调整、顶升
NYH041600060008	增设垫块	m³	1. 支架、模板、劲性骨架制作安装及拆除 2. 钢筋、钢材制作安装
NYH041600060009	加厚盖梁		1. 混凝土现浇浇筑或预制安装 2. 支座调整 3. 养生
NYH041600060010	顶推、调整拱轴线	座	1. 顶推、调整
NYH04170	墩台加固		
NYH04170001	裂缝加固		
NYH041700010001	增设钢筋混凝土围带	m³	1. 模板制作安装及拆除 2. 钢筋制作安装 3. 混凝土现场浇筑 4. 养生
NYH041700010002	粘贴钢板箍	m	1. 整平（被）贴面 2. 制作、粘贴钢板
NYH041700010003	加大墩台截面	m³	1. 模板制作安装及拆除 2. 钢筋制作安装 3. 混凝土现场浇筑或砌筑 4. 养生
NYH041700010004	灌缝	m	1. 灌缝
NYH04170002	倾斜加固		

续表 B.2-5

项目编码	项目名称	计量单位	计价工程内容
NYH041700020001	加设钢拉杆	m	1. 支架（含基础处理、预压）制作、安装、拆除 2. 制作、安装
NYH04170003	破损加固		
NYH041700030001	增设钢筋混凝土箍套	m³	1. 模板制作安装及拆除 2. 钢筋制作安装 3. 混凝土现场浇筑 4. 养生
NYH041700030002	包裹碳纤维片材	m²	1. 包裹
NYH04170004	增设墩台		
NYH041700040001	增设台身	m³	1. 支架、模板、劲性骨架制作安装及拆除 2. 钢筋、钢材制作安装 3. 混凝土现场浇筑或预制安装 4. 养生
NYH041700040002	增设墩柱、墩身		
NYH041700040003	浇筑新盖梁		
NYH04170005	锥坡、翼墙维修加固		
NYH041700050001	锥坡	m²	1. 模板制作安装及拆除 2. 钢筋制作安装 3. 混凝土现场浇筑或砌筑 4. 养生
NYH041700050002	翼墙	m³	
NYH04180	桥梁抗震加固		
NYH04180001	梁桥防止顺桥向（纵向）落梁的抗震加固		
NYH041800010001	桥台胸墙抗震加固	m³	1. 加固或重做钢筋混凝土胸墙 2. 填塞缓冲材料 3. 制作、安装防落梁装置
NYH041800010002	增设挡块	m³	1. 支架、模板、劲性骨架制作安装及拆除 2. 钢筋、钢材、锚栓制作安装 3. 混凝土现场浇筑或预制安装 4. 养生
NYH041800010003	固定主梁（板）	处	1. 卡架固定，填塞弹性材料 2. 钻孔、螺栓固定、填环氧砂浆、填弹性材料 3. 钻孔、螺栓固定、设置联结钢板 4. 养生
NYH041800010004	主梁连成整体	处	1. 增设横向钢拉杆或增设钢筋混凝土横隔板 2. 制作、安装防落梁装置 3. 螺栓、钢板或其他钢构件连接端隔板或梁端与胸墙 4. 养生

续表 B.2-5

项目编码	项目名称	计量单位	计价工程内容
NYH04180002	梁桥防止横向落梁的抗震加固		
NYH041800020001	增设横向挡块	m³	1. 钻孔、埋入锚筋、浇筑钢筋混凝土 2. 养生
NYH041800020002	增设横向挡杆、钢拉杆	m	1. 制作、埋设短角钢、钢轨、槽钢 2. 制作、安装钢拉杆
NYH041800020003	固定主梁	处	1. 制作、安装、固定三角形钢支架 2. 制作、埋设钢锚栓 3. 填塞垫木
NYH041800020004	桥面改造	m²	1. 制作、安装钢筋网 2. 铺设防水层 3. 浇筑混凝土 4. 桥面处理 5. 养生
NYH041800020005	增设横隔板	m³	1. 支架、模板、劲性骨架制作安装及拆除 2. 钢筋、钢材等制作安装 3. 混凝土现浇浇筑或预制安装 4. 养生
NYH04180003	防止支座破坏的梁桥抗震加固		
NYH041800030001	增设支座挡块	m³	1. 支架、模板、劲性骨架制作安装及拆除 2. 钢筋、钢材等制作安装 3. 混凝土现浇浇筑或预制安装 4. 养生
NYH041800030002	增设连接钢筋	m	1. 制作、安装
NYH04180004	桥墩抗震加固		
NYH041800040001	增设横（斜）撑	m	1. 制作、安装槽钢或角钢 2. 螺栓拧紧或焊接
NYH041800040002	增设钢套管	m	1. 柱打毛、冲洗、填水泥砂浆或小石子混凝土 2. 制作、安装钢套管
NYH041800040003	增设抗震墩	m³	1. 制作、安装钢筋 2. 混凝土现浇浇筑 3. 养生
NYH041800040004	加大桥墩断面	m³	1. 凿毛、洗净 2. 制作、植入连接钢筋 3. 混凝土现浇 4. 养生

续表 B.2-5

项目编码	项目名称	计量单位	计价工程内容
NYH041800040005	增设套箍	m³	1. 模板制作安装及拆除 2. 钢筋制作安装 3. 混凝土现场浇筑 4. 养生
NYH04180005	桥台抗震加固		
NYH041800050001	加筑围裙	m³	1. 模板制作安装及拆除 2. 钢筋制作安装 3. 混凝土现场浇筑 4. 养生
NYH041800050002	增设挡墙	m³	1. 围堰抽排水 2. 挖基、基底清理、垫层铺设 3. 钢筋制作安装及混凝土浇注（砌筑、勾缝）、养生 4. 铺设滤水层及制作安装沉降缝、伸缩缝、泄水孔 5. 基坑及墙背回填
NYH041800050003	修筑扶壁或斜撑	m³	1. 模板制作安装及拆除 2. 钢筋制作安装 3. 混凝土现场浇筑 4. 养生
NYH041800050004	调整桥台形式	座	1. 模板制作安装及拆除 2. 钢筋制作安装 3. 混凝土现场浇筑或砌筑 4. 养生
NYH041800050005	顶推调整拱抽线	座	1. 顶推、调整
NYH04180006	基础、地基抗震加固		
NYH041800060001	水泥浆灌注法	m³	1. 钻孔、放入注射管、压浆 2. 配制水泥浆
NYH041800060002	旋喷灌浆法	m³	1. 钻具送至土层中预定深度、射入水泥浆、高压喷嘴 2. 浆液与土体搅拌混合形成胶糊柱体 3. 配制水泥浆
NYH041800060003	硅化法	m³	1. 水玻璃注入土中、注进氯化钙溶液、产生硅胶或水玻璃和磷酸溶液的混合液压入土中、产生硅胶
NYH04180007	盖梁、承台抗震加固		
NYH041800070001	加大截面	m³	1. 凿毛、洗净 2. 制作、植入连接钢筋 3. 混凝土现浇 4. 养生

续表 B.2-5

项目编码	项目名称	计量单位	计价工程内容
NYH041800070002	施加预应力	m	1. 制作安装管道、预应力钢材 2. 安装锚具、锚板 3. 张拉 4. 防锈
NYH04180008	其他设施修复	处	
NYH04180009	抛石处理	m³	1. 人工装、运、卸、抛投、整平（适用于护底、护岸） 2. 石料运输、抛石、整平
NYH04190	涵洞的维修		
NYH04190001	地基处理		
NYH041900010001	（按不同处理方式分列）	m³	
NYH04190002	基础处理		
NYH041900020001	重建基础	m³	1. 挖基、重建基础
NYH041900020002	压浆加固基础	道	1. 压浆
NYH04190003	侧墙和翼墙维修	m³	1. 更换透水性好的填土并夯实或修理（或加固）基础
NYH04190004	涵洞加固		
NYH041900040001	混凝土	m³	1. 挖开填土 2. 混凝土浇筑（含钢筋），加大原涵洞断面 3. 回填
NYH041900040002	钢筋混凝土	m³	
NYH041900040003	混凝土预制块衬砌	m³	1. 涵内现浇或预制安装衬砌（含钢筋）
NYH041900040004	钢筋混凝土预制块衬砌	m³	
NYH041900040005	现浇衬砌	m³	

6 第500章 隧道工程

6.1 一般规定

6.1.1 本章为隧道工程，主要包括洞口与明洞工程维修、洞身维修以及路面、人行和车行横洞、排水设施、吊顶和内装、人行道或检修道维修等内容。

6.1.2 洞口与明洞工程维修包括除清除洞口的危石、浮土、洞口坡面防护、洞门建筑、明洞衬砌裂纹、剥离、剥落、偏压明洞挡墙、遮光棚（板）维修及其他有关作业。其中，弃方运距不分免费运距和超运距，弃土场由图纸规定、业主指定或承包人自行调查确定，不论运输远近，运距费用全部计入相关细目中，不另计超运距运费，但若无特殊规定，弃土场用地费用应另计。

6.1.3 洞身维修包括无衬砌隧道的碎裂、松动岩石和危石的处理、无衬砌隧道围岩的渗漏水、无衬砌隧道新增衬砌、无衬砌隧道新增喷浆、衬砌裂纹、剥离、剥落、衬砌的渗漏水的处理等有关作业。其中，开挖土石方的弃渣，依据第6.1.2条执行。

6.1.4 排水设施包括了中心排水沟维修与新建、两侧排水沟维修与新建、洞处排水设施施工和维修等有关作业。

6.1.5 吊顶和内装包括了洞内防火涂料、洞内防火板和洞内装饰工程（镶贴瓷砖）以及喷涂混凝土专用漆等有关工程的维修作业。

6.1.6 风水电作业及通风防尘包括隧道施工中的供风、供水、供电、照明以及施工中的通风、防尘等不可缺少的附属设施和作业，均应包括在本章各节有关项目计价工程内容中，不另行计量。

6.1.7 场地布置，核对图纸、补充调查、编制施工组织设计，试验检测、施工测量、环境保护、安全措施、施工防排水、围岩类别划分及照明、通风、消防等设备、设施预埋构件设置与保护，所有准备工作和施工中应采取的措施均为各节、各细目工程的附属工作，不另行计量。

6.1.8 隧道名牌、模板装拆、钢筋除锈、拱盔、支架、脚手架搭拆、养护清场等工作均为各细目的附属工作，不另行计量。

6.1.9 连接钢板、螺栓、螺帽、拉杆、垫圈等作为钢支护的附属构件，不另行计量。

6.1.10 混凝土拌和场站、储料场的建设、拆除、恢复均包括在相应工程项目中，不另行计量。

6.2 计价规则

工程量清单项目设置及计价工程内容，应按表B.2-6的规定执行。

表 B.2-6 隧道工程

项目编码	项目名称	计量单位	计价工程内容
NYH05100	洞口与明洞工程维修		1. 清除破损部分（含钢筋） 2. 基础处理 3. 混凝土拌和、运输、浇筑或预制安装 4. 接缝处理 5. 养生
NYH05100001	遮光棚（板）维修		
NYH051000010001	混凝土	m³	
NYH051000010002	钢筋	m	1. 钢筋制作安装
NYH05110	洞身维修		
NYH05110001	无衬砌隧道维修		
NYH051100010001	碎裂、松动岩石和危石的处理	m³	1. 施工防排水 2. 开挖碎裂、松动岩石和危石及出渣 3. 整修 4. 弃方
NYH051100010002	围岩的渗漏水处理	m	1. 开设泄水孔、接引水管、将水导入边沟排出
NYH051100010003	新增衬砌	m³	1. 模注混凝土（含外掺剂、预埋管件等） 2. 沉降缝、施工缝、伸缩缝处理 3. 养生
NYH051100010004	新增喷浆处理	m³	1. 设喷身厚度标志 2. 调制、喷浆 3. 养生
NYH05110002	衬砌裂纹、剥离、剥落处理		
NYH051100020001	衬砌背面注浆	m³	1. 喷身厚度标志 2. 调制、喷浆 3. 养生
NYH051100020002	防护网	m²	1. 凿除衬砌剥离劣化部分 2. 用锚栓固定
NYH051100020003	喷射混凝土	m³	1. 设喷身厚度标志 2. 钢筋网制作、挂网、搭接、锚固 3. 调制、喷混凝土（含钢纤维等外掺材料）或喷射水泥砂浆 4. 养生
NYH051100020004	锚杆加固	m	1. 钻孔、清孔、锚杆制作安装或锚杆制作、钻入 2. 锚孔注浆
NYH051100020005	排水、止水	m	1. 在衬砌内布置注浆孔 2. 低压低速注浆 3. 养生

续表 B.2-6

项目编码	项目名称	计量单位	计价工程内容
NYH051100020006	套拱	m²	1. 凿除衬砌劣化部分 2. 涂抹界面剂、联系钢筋制作安装、铺防水层 3. 牢固套拱
NYH051100020007	绝热层	m²	1. 铺设绝热层
NYH051100020008	滑坡整治	m³	1. 黏土夯实、锚杆加固或设计抗滑锚固桩、修筑挡土墙、填土或开挖洞顶山体
NYH051100020009	围岩压浆	m³	1. 布置注浆孔 2. 注浆（含外掺剂） 3. 养生
NYH051100020010	灌浆锚固	m³	1. 布置灌浆孔 2. 灌浆 3. 养生
NYH051100020011	增设仰拱	m³	1. 浇筑混凝土（含外掺剂） 2. 沉降缝、施工缝、伸缩缝处理 3. 养生
NYH051100020012	更换衬砌	m³	1. 拆除原衬砌、废弃 2. 模注混凝土（含外掺剂、预埋管件等） 3. 沉降缝、施工缝、伸缩缝处理 4. 养生
NYH051100020013	防水卷材	m²	1. 敷设面处理 2. 敷设防水卷材及土工布 3. 搭接、固定
NYH05110003	衬砌渗漏水处理		
NYH051100030001	排水、止水	m	1. 外置排水管和开槽埋管或安装防水板或设置排水孔、水平钻孔、加深排水沟和深井降水
NYH051100030002	围岩压浆	m³	1. 布置注浆孔 2. 注浆（含外掺剂） 3. 养生
NYH051100030003	更换衬砌	m³	1. 拆除原衬砌、废弃 2. 模注混凝土（含外掺剂、预埋管件等） 3. 沉降缝、施工缝、伸缩缝处理 4. 养生
NYH05120	路面及其他设施维修		
NYH05120001	路面渗漏水处理	处	1. 开槽埋管
NYH05120002	人行和车行横洞维修	处	1. 拆除破损部分、废弃 2. 修复破损部分

续表 B.2-6

项目编码	项目名称	计量单位	计价工程内容
NYH05120003	斜（竖）井维修	处	1. 拆除破损部分 2. 修复破损井内排水设施
NYH05120004	风道维修	处	1. 拆除破损部分 2. 修复风口、风道、风道板吊杆和更换损坏的风道板
NYH05130	**排水设施维修**		
NYH05130001	中心排水沟维修与新建	m	1. 拆除、修复破损部分 2. 基底处理、垫层及滤层铺设，安设排水管（打孔波纹管等）及处裹土工布，接头处理（含三通）
NYH05130002	两侧排水沟维修与新建	m	1. 拆除、修复破损部分 2. 基底处理、垫层及滤层铺设，安设排水管（打孔波纹管等）及裹土工布，接头处理（含三通） 3. 基底处理，钢筋制作安装，现浇或预制安装沟身混凝土，养护
NYH05130003	洞外排水设施		
NYH051300030001	浆砌片石水沟	m³	1. 拆除、修复破损部分 2. 基坑开挖整型 3. 片石准备或混凝土预制块预制、铺设垫层、砌筑勾缝 4. 沟底抹面及压顶 5. 预制安装盖板
NYH051300030002	混凝土预制块水沟		
NYH051300030003	现浇混凝土水沟		1. 拆除、修复破损部分 2. 基坑开挖整型 3. 铺设垫层、浇筑混凝土 4. 盖板制作安装
NYH05140	**吊顶和内装维修**		
NYH05140001	洞内防火涂料（按厚度分）	m²	1. 拆除破损部分 2. 基层表面处理 3. 喷涂防火涂料 4. 养生
NYH05140002	洞内防火板	m²	1. 拆除破损部分 2. 制作安装（含预埋件、固定件等）
NYH05140003	洞内装饰工程	m²	1. 拆除破损部分 2. 镶贴：支架、脚手架的制作安装和拆除、混凝土边墙表面处理、砂浆找平、镶贴瓷砖、养护 3. 喷涂：基层表面处理、喷涂混凝土专用漆、养生

续表 B.2-6

项目编码	项目名称	计量单位	计价工程内容
NYH05150	人行道或检修道维修		1. 拆除、修复破损道路、盖板、栏杆等部分
NYH05150001	人行道维修	m	2. 混凝土浇筑
NYH05150002	检修道维修		3. 盖板、道板制作安装

7 第600章 交通工程及沿线设施

7.1 一般规定

7.1.1 本章为交通工程及沿线设施，主要包括交通安全设施清洁维护，护栏、隔离栅（护网）、道路交通标志、道路交通标线、防眩设施、其他设施等内容。

7.1.2 护栏维修包括连续式墙式护栏、间断式墙式护栏、波形护栏、缆索护栏、活动式护栏等的拆除、修复、调整、安装及有关作业。其中，护栏地基填筑、垫层材料、砌筑砂浆、嵌缝材料、油漆涂料、反光膜以及混凝土中的钢筋、钢缆索护栏的封头混凝土等均不另行计量。

7.1.3 道路交通标志维修包括示警桩、防撞墩、各式道路交通标志、界碑及里程碑等的拆除、修复、安装及有关施工作业。不同类型标志以不同形状、尺寸、反光等级设置工程细目，并按板面面积从大到小依次排列。所有支承结构、底座、硬件和为完成组装而需要的附件，均在各有关标志工程细目内，不另行计量。

7.1.4 道路交通标线修复包括在路面上喷涂路面标线、拆除和安装减速带，安装突起路标、轮廓标、立面标记、隆声带等有关修复作业。其中，震颤标线、防滑标线、水性反光标线等特殊路面标线和隆声带按区域面积（以设计特殊标线前、后、左、右四侧的最外缘涂敷点或线连接成的顺中心线方向矩形面积）计算数量，其他路面标线按涂敷实际面积计算数量；路面标线玻璃珠包含在涂敷面积内，附着式轮廓标的后底底座、支架连接件，均不另行计量。

7.1.5 防眩设施维修包括防眩板、防眩网等的拆除、安装及有关维修作业。其他设施包括太阳能警示设施、信号设施等有关维修作业。所需的预埋件、连接件、立柱基础混凝土及钢构件的焊接，均作为附属工作，不另行计量。

7.1.6 本章项目未明确指出的工程内容，如场地清理、废方弃运、场地运输等均包含在相应的工程项目中，不另行计量。

7.2 计价规则

工程量清单项目设置及计价工程内容,应按表 B.2-7 的规定执行。

表 B.2-7 交通工程及沿线设施

项目编码	项目名称	计量单位	计价工程内容
NYH06100	墙式护栏维修		
NYH06100001	拆除	m	1. 拆除、清底、废弃 2. 清理现场
NYH06100002	修复	m	1. 修复破损部分 2. 清理现场
NYH06100003	重建或新增	m	1. 挖基、基底处理 2. 钢筋制作安装 3. 现浇或预制安装混凝土(含预埋件) 4. 伸缩缝处理 5. 支承架及栏杆制作安装 6. 涂层及反光膜设置安装
NYH06110	波形护栏维修及更换		
NYH06110001	拆除	m	1. 拆除、废弃 2. 清理现场
NYH06110002	修复	m	1. 修复破损部分 2. 清理现场
NYH06110003	调整	m	1. 调整、校正
NYH06110004	重建或新增	m	1. 立柱打设或安装(含特殊路段立柱基础设置) 2. 波形梁钢护栏安装(含柱帽、防阻块、拼连接螺栓、螺母、垫片、加劲梁、锚固件等)
NYH06110005	波形护栏局部更换		
NYH061100050001	普通型钢护栏		
NYH061100050002	双波加强型钢护栏		
NYH061100050003	三波加强型钢护栏	m	1. 拆除、更换破损部分 2. 清理现场
NYH061100050004	双层双波加强型钢护栏		
NYH061100050005	桥路连接过渡段钢护栏		
NYH061100050006	更换防阻块	处	1. 拆除、更换破损部分 2. 清理现场
NYH061100050007	更换护栏盖帽		
NYH06120	缆索护栏维修		
NYH06120001	拆除	m	1. 拆除、废弃 2. 清理现场

续表 B.2-7

项目编码	项目名称	计量单位	计价工程内容
NYH06120002	修复	m	1. 修复破损部分
NYH06120003	调整	m	1. 调整、校正
NYH06120004	局部更换	m	1. 立柱打设或安装 2. 钢缆索安装（含附件）
NYH06130	活动式护栏维修		
NYH06130001	修复	m	1. 修复破损部分
NYH06130002	局部更换	m	1. 立柱设置 2. 活动式钢护栏安装（含防眩板）
NYH06140	示警桩维修、墙式护栏或警示墩局部更换		
NYH06140001	示警桩拆除	块	1. 拆除、废弃 2. 清理现场
NYH06140002	示警桩局部更换	块	1. 基础开挖 2. 制作安装 3. 反光膜设置
NYH06140003	连续式墙式护栏局部更换	m	1. 拆除、更换破损部分，养生 2. 清理现场
NYH06140004	间断式示警墩局部更换	m	1. 拆除、更换破损部分，养生 2. 清理现场
NYH06150	防撞墩维修		
NYH06150001	拆除	块	1. 拆除、废弃 2. 清理现场
NYH06150002	修复	块	1. 修复破损部分
NYH06160	单柱式交通标志维修		
NYH06160001	拆除	个	1. 拆除、废弃 2. 清理现场
NYH06160002	修复	个	1. 修复破损部分
NYH06160003	更换		
NYH06170	双柱式交通标志维修		
NYH06170001	拆除	个	1. 拆除、废弃 2. 清理现场
NYH06170002	修复	个	1. 修复破损部分
NYH06170003	更换	个	
NYH06180	门架式交通标志维修		
NYH06180001	拆除	个	1. 拆除、废弃 2. 清理现场

续表 B.2-7

项目编码	项目名称	计量单位	计价工程内容
NYH06180002	修复	个	1. 修复破损部分
NYH06180003	更换	个	
NYH06190	单悬臂式交通标志维修		
NYH06190001	拆除	个	1. 拆除、废弃 2. 清理现场
NYH06190002	修复	个	1. 修复破损部分
NYH06190003	更换	个	
NYH06200	双悬臂式交通标志维修		
NYH06200001	拆除	个	1. 拆除、废弃 2. 清理现场
NYH06200002	修复	个	1. 修复破损部分
NYH06200003	更换	个	
NYH06210	附着式交通标志维修		
NYH06210001	拆除	个	1. 拆除、废弃 2. 清理现场
NYH06210002	修复	个	1. 修复破损部分
NYH06210003	更换	个	
NYH06220	隧道内交通标志		
NYH06220001	拆除	个	1. 拆除、废弃 2. 清理现场
NYH06220002	修复	个	1. 修复破损部分
NYH06220003	更换	个	
NYH06230	里程碑、百米桩、界碑维修		
NYH06230001	拆除里程碑、百米桩、界碑		
NYH062300010001	拆除里程碑	块	1. 拆除、废弃 2. 清理现场
NYH062300010002	拆除百米桩		
NYH062300010003	拆除界碑		
NYH06230002	里程碑（牌）、百米桩（牌）、界碑（牌）更换		

续表 B.2-7

项目编码	项目名称	计量单位	计价工程内容
NYH062300020001	里程碑（牌）更换	块	1. 拆除破损碑（牌、桩），清理现场 2. 制作安装
NYH062300020002	百米桩（牌）更换		
NYH062300020003	界碑（牌）更换		
NYH06230003	隔离墩维修		
NYH062300030001	更换	处	1. 拆除破损部分，清理现场 2. 制作安装
NYH062300030002	油漆	处	1. 清刷干净 2. 涂油漆
NYH06230004	警示桩维修		
NYH062300040001	更换	根	1. 拆除破损部分，清理现场 2. 制作安装
NYH062300040002	油漆	根	1. 清刷干净 2. 涂油漆
NYH06240	道路交通标线局部修复		
NYH06240001	热熔型涂料路面标线修复		
NYH062400010001	1号标线	m²	1. 清除旧标线 2. 路面清洗 3. 喷涂下涂剂、底油 4. 喷涂标线（含玻璃珠）
NYH062400010002	2号标线		
NYH06240002	溶剂常温涂料路面标线修复		
NYH062400020001	1号标线	m²	1. 清除旧标线 2. 路面清洗 3. 喷涂下涂剂、底油 4. 喷涂标线（含玻璃珠）
NYH062400020002	2号标线		
NYH06240003	溶剂加热涂料路面标线修复		
NYH062400030001	1号标线	m²	1. 清除旧标线 2. 路面清洗 3. 喷涂下涂剂、底油 4. 喷涂标线（含玻璃珠）
NYH062400030002	2号标线		
NYH06240004	特殊路面标线修复		

续表 B.2-7

项目编码	项目名称	计量单位	计价工程内容
NYH062400040001	震颤标线（热熔突起型标线）	m²	1. 清除旧标线 2. 路面清洗 3. 喷涂下涂剂、底油 4. 喷涂标线（含玻璃珠等）
NYH062400040002	防滑标线		
NYH062400040003	水性反光标线		
NYH06240005	减速带修复		
NYH062400050001	拆除	m	1. 拆除、废弃 2. 清理现场
NYH062400050002	更换	m	1. 制作安装（含锚固件等）
NYH06240006	突起路标修复		
NYH062400060001	单面突起路标	个	1. 路面清洗 2. 安装
NYH062400060002	双面突起路标		
NYH06240007	轮廓标修复		
NYH062400070001	柱式轮廓标	个	1. 挖基及基础处理 2. 安装
NYH062400070002	附着式轮廓标	个	1. 安装
NYH062400070003	1243线形（条型）轮廓标	片	
NYH062400070004	柱式边缘视线诱导标	个	
NYH06240008	立面标记修复	处	1. 涂敷或安装
NYH06240009	隆声带修复	m²	1. 隆声带刻设 2. 防水、反光等处理
NYH06250	**防眩设施维修**		
NYH06250001	防眩板维修		
NYH062500010001	拆除	m	1. 拆除、废弃 2. 清理现场
NYH062500010002	更换	m	1. 设置安装基础（含预埋件、锚固件等） 2. 安装
NYH06250002	防眩网维修		
NYH062500020001	拆除	m²	1. 拆除、废弃 2. 清理现场
NYH062500020002	更换	m²	1. 设置安装基础（含预埋件、锚固件等） 2. 安装

8 第700章 绿化工程

8.1 一般规定

8.1.1 本章为绿化工程，主要包括维护期间的环境保护，以及公路绿化工程中植物的补种植和管理等有关作业。工程内容主要有加铺表土、绿化补植等。

8.1.2 除按图纸施工的永久性环境保护工程外，其他施工期间采取的环境保护措施已包含在相应的工程项目中，不另行计量。

8.1.3 补播草种和补植草皮包括在公路绿化区域内铺设表土的层面上撒播草种或铺植草皮和施肥、布设喷灌设施等绿化工程作业。其中，草种、水、肥料等，作为撒播草种的附属工作，不另行计量。喷灌设施的闸阀、水表、洒水栓等，作为喷灌管道的附属工作，不另行计量。

8.1.4 补（种）植乔木、灌木包括在公路绿化区域内提供和补（种）植乔木、灌木。其中，补（种）植用水、设置水池储水、施肥等，均作为承包人种植植物的附属工作，不另行计量。

8.1.5 本章项目未明确指出的工程内容，如场地清理、废方弃运、场地运输等均包含在相应的工程项目中，不另行计量。

8.2 计价规则

工程量清单项目设置及计价工程内容，应按表 B.2-8 的规定执行。

表 B.2-8 绿化工程

项目编码	项目名称	计量单位	计价工程内容
NYH07100	加铺表土	m³	1. 挖运土及地表处理 2. 表土及垫层土加铺、排水处理等
NYH07110	绿化补植		
NYH07110001	补播草种	m²	1. 平整土地 2. 撒播草籽 3. 洒水覆盖及养护 4. 清理现场
NYH07110002	补植草皮	m²	1. 平整土地 2. 铺植草皮 3. 洒水、养护 4. 清理现场

续表 B.2-8

项目编码	项目名称	计量单位	计价工程内容
NYH07110003	乔木补植	棵	1. 划线布坑，挖坑 2. 栽植，扶正，回填，浇水，养护 3. 现场清理
NYH07110004	灌木补植	棵	
NYH07120	绿化专项养护		
NYH07120001	两侧行道树养护	m	1. 防旱、防冻、防虫处理 2. 修剪、整形等
NYH07120002	边坡绿化养护	m²	1. 防旱、防冻、防虫处理 2. 修剪、整形等

附录 C　农村公路养护预算费用编制示例

附录 C 中的费用指标及清单综合单价均为本办法在制定过程中，编写组根据部分省份的调研数据分析得出，仅用于本示例计算使用。各地可根据实际情况和有关规定，自行制定本办法中费用指标和清单综合单价。

C.1　编制示例

××省×××县×××乡××年农村公路养护预算

编　　制：（签字）××
复　　核：（签字）××
编制单位：（盖章）××
编制时间：××年××月××日

目 录

1　编制说明
2　农村公路养护预算总费用汇总表（01 表）
3　农村公路养护预算汇总表（02 表）
4　日常养护费计算表（03 表）
5　信息化系统维护费计算表（04 表）
6　养护机械设备购置费用表（05 表）
7　小修费汇总表（06 表）
8　小修工程量清单（07 表）
9　养护工程费汇总表（08 表）
10　养护工程工程量清单（09 表）

编 制 说 明

一、概况

××省××县××乡8个行政村村道,路线长度共计258.8km,道路路基宽度3.5m至6.0m,路面结构包括水泥混凝土路面、沥青混凝土路面和块石铺砌路面,路线中有桥梁2400m/24座(其中小桥21座,中桥3座)、涵洞243道、隧道2300m/3座,以及沿线设施等工程。

二、编制范围

本养护预算编制范围:××县××乡8个行政村村道养护工程预算的编制。内容包括日常养护预算费(含日常巡查、日常保养和小修费)和养护工程预算费编制等。其中日常养护预算编制范围为8个行政村的所有村道(路线长度共计258.8km),预防养护预算编制范围为8个行政村村道中的部分路段(路线长度共计5.7km),修复养护预算编制范围为8个行政村村道中的部分路段(路线长度共计10.4km)。

三、费用计算

(一)日常养护费

日常养护费包括日常巡查费、日常保养费和小修费。

1. 日常巡查费和日常保养费见03表。

2. 小修费:本项目采用清单计价方式,小修费见03表。

(二)信息化系统维护费

信息化系统维护费包括技术状况评定费和系统维护费。

1. 技术状况评定费见04表。

2. 系统维护费根据项目所在地交通运输主管部门有关规定和养护管理单位实际需要,本示例按20 000元计列。

(三)养护机械设备购置费

根据需要,计划购买除雪车一台,购置费50 000元,见05表。

(四)养护工程费

1. 预防养护费和修复养护费见08表。

(1)保险费中的工程一切险按建筑安装工程费(不含清单第100章总则费用)的0.25%计取。第三方责任险按保险金额100 000元的0.35%计取。

(2)安全生产费:按建筑安装工程费(不含安全生产费和保险费)的1.5%计算。

（3）前期工作费：按××省农村公路养护预算编制办法补充规定，本示例养护工程前期工作费费率按6%计算。

（4）竣（交）工验收试验检测费：本示例按养护工程的路线长度乘以4 000元/km进行计算。

2. 应急养护费：按本项目近3年实际发生的应急养护费用的平均值进行预留。本示例预留应急养护费为100 000元。

四、养护预算费用编制结果

××省××县××乡年度养护预算费用总额为2 388 714.9元。其中日常养护费1 032 332.1元；信息化系统维护费50 492元；养护机械设备购置费50 000元；养护工程费1 255 890.8元（预防养护费586 691.6元，修复养护费569 199.2元，应急养护费预留100 000元）。具体内容详见有关计算表格。

农村公路养护预算总费用汇总表

单位名称：××   01 表（单位：元）

行政等级	费用类别							养护机械设备购置费					养护预算总费用
	日常养护费				信息化系统维护费				养护工程费				
	日常巡查费	日常保养费	小修费	合计	技术状况评定费	系统维护费	合计		预防养护费	修复养护费	应急养护费	合计	
县道													
乡道													
村道	205 230	445 920	381 182.1	1 032 332.1	30 492	20 000	50 492	50 000	586 691.6	569 199.2	100 000	1 255 890.8	2 388 714.9

编制：××   复核：××   日期：××

农村公路养护预算汇总表

单位名称：×× 　　　　　　　行政等级：村道　　　　　　02 表

序号	工程或费用名称	数　量	金额（元）
一	日常养护费	254.1km	1 032 332.1
（一）	日常巡查费	254.1km	205 230
（二）	日常保养费	254.1km	445 920
（三）	小修费	254.1km	381 182.1
二	信息化系统维护费		50 492
（四）	技术状况评定费	254.1km	30 492
（五）	系统维护费		20 000
三	养护机械设备购置费		50 000
四	养护工程费		1 255 890.8
（六）	预防养护费	5.7 km	586 691.6
（七）	修复养护费	10.4km	569 199.2
（八）	应急养护费		100 000
五	农村公路养护预算总费用		2 388 714.9

编制：×× 　　　　　　　复核：×× 　　　　　　日期：××

日常养护费计算表

单位名称：××　　　　　　　　　　　　行政等级：村道　　　　　　　　03 表

费用	类 别									合计（元）
	道路			桥梁			隧道			
	指标值 [元/(km·年)]	数量（km）	金额（元）	指标值 [元/(延米·年)]	数量（延米）	金额（元）	指标值 [元/(延米·年)]	数量（延米）	金额（元）	
日常巡查费	300	254.1	76 230	25	2 400	60 000	30	2 300	69 000	205 230
日常保养费	1 200	254.1	304 920	30	2 400	72 000	30	2 300	69 000	445 920
小修费（元）	381 182.1									
合计（元）	1 032 332.1									

编制：××　　　　　　　　　复核：××　　　　　　　　日期：××

信息化系统维护费计算表

单位名称：××　　　　　　　　　　　行政等级：村道　　　　　　　　　04 表

费用	类 别									合计（元）
	道路			桥梁			隧道			
	指标值[元/(km·年)]	数量（km）	金额（元）	指标值[元/(延米·年)]	数量（延米）	金额（元）	指标值[元/(延米·年)]	数量（延米）	金额（元）	
技术状况评定费	120	254.1	30 492							30 492
系统维护费（元）	20 000									20 000
合计（元）	50 492									

编制：××　　　　　　　　　复核：××　　　　　　　　　日期：××

养护机械设备购置费用表

单位名称：××　　　　　　　　行政等级：村道　　　　　　　　05 表

序号	设备名称	规格	数量	单价	总价	备注
1	除雪机	除雪宽度2.2m	1台	50 000	50 000	
2						
3						
4						
5						
合计（元）					50 000	

编制：×× 　　　　　　　　复核：×× 　　　　　　　　日期：××

小 修 费 汇 总 表

单位名称：××　　　　　　　　　行政等级：村道　　　　　　　　　06 表

费 用 类 别	1	合计（元）
	××省××县××乡 8 个自然村村道养护工程	
第 200 章 路基工程	58 717	58 717
第 300 章 路面工程	151 403.9	151 403.9
第 400 章 桥梁、涵洞工程	48 121.3	48 121.3
第 500 章 隧道工程	69 306.6	69 306.6
第 600 章 交通工程及沿线设施	37 391.5	37 391.5
第 700 章 绿化工程	16 241.8	16 241.8
合计（元）	381 182.1	

编制：××　　　　　　　　　复核：××　　　　　　　　　日期：××

小修工程量清单

项目名称：××省××县××乡8个自然村村道小修　（路线全长258.8km）　　07表

项目编码	项目名称	计量单位	工程量	综合单价（元）	合计（元）	备注
第200章　路基工程						
NXX02100	清理					
NXX02100001	清理零星塌方	m³	186	15.7	2 920.2	
NXX02110	维修					
NXX02110001	路基坑塘处理	m³	215	42	9 030	
NXX02110002	边沟、排水沟、截水沟、急流槽维修	m	307	56.9	17 468.3	
NXX02110004	挡土墙维修	m³	56	425.2	23 811.2	
NXX02110005	边坡整理	m²	448	4.2	1 881.6	
NXX02110006	土路肩修整	m²	858.5	4.2	3 605.7	
第300章　路面工程						
NXX03100	除雪、撒防滑料					
NXX03100001	除雪、除冰	m²	1 142	3.2	3 654.4	
NXX03110	水泥混凝土路面维修					
NXX03110001	破板维修					
NXX031100010003	沥青混凝土加铺	m²	223	35.6	7 938.8	
NXX03110002	水泥混凝土路面板底					
NXX031100020002	填充素混凝土	处	15	117.6	1 764	
NXX03110003	更换填缝料					
NXX03110004	裂缝灌缝	m	449	11.9	5 343.1	
NXX03110007	修复剥落边角	m	126	14.7	1 852.2	
NXX03120	沥青混凝土路面维修					
NXX03120001	纵横向裂缝维修	m	155	11.9	1 844.5	
NXX03120002	块状裂缝、龟裂维修	m²	421	11.9	5 009.9	
NXX03120003	沉陷、坑槽、车辙、翻浆处理	m²	97	148.5	14 404.5	
NXX03120004	波浪、搓板、拥包、泛油处理	m²	386	148.5	57 321	
NXX03120005	麻面、松散、脱皮、啃边处理	m²	297	70.5	20 938.5	
NXX03130	结构物接顺及其他路面维修					
NXX03130003	块石路面维修	m²	97	27	2 619	
NXX03130004	稳定基层维修	m²	293	98	28 714	
第400章　桥梁、涵洞工程（桥梁：2 400m/24座）						
NXX04100	桥面系维修						小桥21座、中桥3座、涵洞248道
NXX04100001	修复桥面铺装					
NXX041000010001	水泥混凝土桥面	m²	14	79.2	1 108.8	10cm
NXX041000010002	沥青混凝土桥面	m²	31	99	3 069	4cm
NXX041000010003	防水层	m²	14	31.7	443.8	

续 07 表

项目编码	项目名称	计量单位	工程量	综合单价（元）	合计（元）	备注
第 400 章　桥梁、涵洞工程（桥梁：2 400m/24 座）						
NXX04100002	修复排水系统					
NXX041000020001	泄水管	套	4	79.8	319.2	
NXX04100005	维护伸缩装置	m	4.5	97.1	436.95	
NXX04110	**桥梁下部结构维修**					
NXX04110001	墩台及基础					
NXX041100010001	混凝土浇筑修补	m³	3.1	803	2 489.3	
NXX041100010002	砖砌修补	m³	4.6	297	1 366.2	
NXX04110002	锥坡、翼墙					
NXX041100020002	砖砌修补	m³	8.7	297	2 583.9	
NXX04120	**涵洞维修**					
NXX04120001	混凝土局部维修	m³	18.5	841.5	15 567.75	
NXX04120002	浆砌片石修补	m³	94	220.6	20 736.4	
第 500 章　隧道工程（2 300m/3 座）						
NXX05100	**隧道清洁维护**					
NXX05100001	顶板和内装清洁	m²	1 408	41.9	58 995.2	
NXX05110	**隧道维修**					
NXX05110001	洞口					
NXX051100010002	落物清理	m³	10.2	4.4	44.88	
NXX051100010003	洞门修补	m³	3.9	820.6	3 200.34	
NXX05110002	洞身					
NXX051100020001	裂缝灌缝及勾缝	m	13.4	40.9	548.06	
NXX051100020004	混凝土加固	m³	4.2	1 262.7	5 303.34	
NXX05110003	排水设施	m	11.6	83.7	970.92	
NXX05110004	洞内衬砌维护	m²	4.3	56.7	243.81	
第 600 章　交通工程及沿线设施						
NXX06100	**交通安全设施维护**					
NXX06100001	道路交通标志维护及更换					
NXX061000010001	单柱式交通标志维护	块	187	98.2	18 363.4	
NXX061000010004	单悬臂式交通标志维护	块	15	281.3	4 219.5	
NXX06110	**护栏维修**					
NXX06110001	波形护栏局部更换					
NXX061100010002	局部更换	m	14	252.3	3 532.2	
NXX06110004	墙式护栏或警示墩局部更换					
NXX061100040002	间断式警示墩局部更换	m	12.3	173	2 127.9	
NXX06140	**道路交通标志维修**					
NXX06140001	里程碑、百米桩、界碑更换					

续 07 表

项目编码	项目名称	计量单位	工程量	综合单价（元）	合计（元）	备注
第 600 章　交通工程及沿线设施						
NXX061400010001	里程碑更换	块	4	385.6	1 542.4	
NXX061400010002	百米桩更换	块	12	113.1	1 357.2	
NXX061400010003	界碑更换	块	9	133.9	1 205.1	
NXX06140003	警示桩维修					
NXX061400030001	更换	块	5	84.2	421	
NXX06150	道路交通标线局部修复					
NXX06150002	热熔型涂料路面标线局部修复	m²	88.9	52	4 622.8	
第 700 章　绿化工程						
NXX07100	绿化补植					
NXX07100001	乔木补植	棵	281	57.8	16 241.8	

养护工程费汇总表

单位名称：×× 08 表

费用类别			1 ××村村道养护工程	2 ××项目	3 ××项目	…	合计（元）
一、预防养护费			586 691.6				586 691.6
1	建筑安装工程费	第 100 章 总则	24 235				24 535
		第 200 章 路基工程					
		第 300 章 路面工程	507 738.2				507 738.2
		第 400 章 桥梁工程					
		第 500 章 隧道工程					
		第 600 章 交通工程及沿线设施					
		第 700 章 绿化工程					
		小计	531 973.2				531 973.2
2	前期工作费		31 918.4				31 918.4
3	竣（交）工验收试验检测费		22 800				22 800
二、修复养护费			569 199.2				569 199.2
1	建筑安装工程费	第 100 章 总则	38 732.5				38 732.5
		第 200 章 路基工程	269 290.2				269 290.2
		第 300 章 路面工程	189 712.4				189 712.4
		第 400 章 桥梁工程					
		第 500 章 隧道工程					
		第 600 章 交通工程及沿线设施					
		第 700 章 绿化工程					
		小计	497 735.1				497 735.1
2	前期工作费		29 864.1				29 864.1
3	竣（交）工验收试验检测费		41 600				41 600
三、应急养护费			100 000				100 000
合计（元）			1 255 890.8				1 255 890.8

编制：××　　　　　　　复核：××　　　　　　　日期：××

养护工程工程量清单（预防性养护）

项目名称：××省××县××乡××村村道预防性养护工程　（路线全长5.7km）　09 表

项目编码	项目名称	计量单位	工程量	综合单价（元）	合计（元）	备注
第100章　总则						
NYH01100	通则					
NYH01100001	保险费					
NYH011000010001	按合同条款规定，提供建筑工程一切险	总额	1	1 269	1 269	
NYH011000010002	按合同条款规定，提供第三方责任险	总额	1	350	350	
NYH01110	工程管理					
NYH01110001	施工环保费	总额	1	5 000	5 000	
NYH01110002	养护保通费	总额				
NYH01110003	安全生产费	总额	1	7 616	7 616	
NYH01120	临时工程					
NYH01120001	临时便道	m				
NYH01120002	临时便桥	m				
NYH01120003	临时工程用地	亩				
NYH01130	承包人驻地建设	总额	1	10 000	10 000	
第100章　合计24 235元						
第300章　路面工程						
NYH03100	破碎及修复旧路面					
NYH03100001	水泥混凝土路面					
NYH031000010007	更换填缝料	m	4 068	11.9	48 409.2	
NYH03180	修复或加铺透层、黏层和封层					
NYH03180004	微表处	m²	25 805	17.8	459 329	
第300章　合计507 738.2元						

养护工程工程量清单（修护性养护）

项目名称：×× 省 ×× 县 ×× 乡 ×× 村村道修复性养护工程　（路线全长10.4km）　09 表

项目编码	项目名称	计量单位	工程量	综合单价（元）	合计（元）	备注
\multicolumn{7}{c}{第100章　总则}						
NYH01100	通则					
NYH01100001	保险费					
NYH011000010001	按合同条款规定，提供建筑工程一切险	总额	1	1 147.5	1 147.5	
NYH011000010002	按合同条款规定，提供第三方责任险	总额	1	350	350	
NYH01110	工程管理					
NYH01110001	施工环保费	总额	1	10 000	10 000	
NYH01110002	养护保通费	总额				
NYH01110003	安全生产费	总额	1	6 885	6 885	
NYH01120	临时工程					
NYH01120001	临时便道	m				
NYH01120002	临时便桥	m				
NYH01120003	临时工程用地	亩				
NYH01130	承包人驻地建设	总额	1	20 000	20 000	
\multicolumn{7}{c}{第100章　合计 38 732.5 元}						
\multicolumn{7}{c}{第200章　路基工程}						
NYH02150	修复或完善排水设施					
NYH02150003	边沟	m	1 543.2	95.7	147 684.2	
NYH02150004	急流槽	m	270.7	95.7	25 906	
NYH02160	修复或完善防护工程					
NYH02160010	修复或完善护面墙					
NYH021600100002	混凝土护面墙	m³	120	797.5	95 700	
\multicolumn{7}{c}{第200章　合计 269 290.2 元}						
\multicolumn{7}{c}{第300章　路面工程}						
NYH03100	破碎及修复旧路面					
NYH03100001	水泥混凝土路面					
NYH031000010004	挖除	m³	160.7	141.9	22 803.3	
NYH031000010005	破板维修					

续09表

第300章 路面工程					
项目编码	项目名称	计量单位	工程量	综合单价（元）	合计（元）	备注
NYH0310000100050001	水泥混凝土	m²	568.7	211.2	120 109.4	
NYH03130	变形类病害处治					
NYH03130003	波浪处治	m²	309	30.3	9 362.7	
NYH03130004	搓板处治	m²	487.6	30.3	14 774.3	
NYH03140	其他类病害处治					
NYH03140008	除雪、撒防滑料					
NYH031400080001	除雪、除冰	m²	1 800	6.4	11 520	
NYH03240	修复水泥混凝土路面					
NYH03240004	裂缝维修	m²	233.6	47.7	11 142.7	
第300章 合计189 712.4元						

C.2 日常养护费用指标示例

表 C.2-1 日常巡查费用指标表

行政等级	费用指标		
	道路 [元/(km·年)]	桥梁 [元/(延米·年)]	隧道 [元/(延米·年)]
县道	1 000	35	40
乡道	500	30	35
村道	300	25	30

注：道路的长度按路基长度（路线长度扣减桥梁和隧道后的长度）进行计算。

表 C.2-2 日常保养费用指标表

行政等级	费用指标		
	道路 [元/(km·年)]	桥梁 [元/(延米·年)]	隧道 [元/(延米·年)]
县道	4 000	50	40
乡道	2 000	40	35
村道	1 200	30	30

注：道路的长度按路基长度（路线长度扣减桥梁和隧道后的长度）进行计算。

表 C.2-3 小修费用指标表

行政等级	费用指标		
	道路 [元/(km·年)]	桥梁 [元/(延米·年)]	隧道 [元/(延米·年)]
县道	5 000	60	50
乡道	2 500	45	40
村道	1 500	35	30

注：道路的长度按路基长度（路线长度扣减桥梁和隧道后的长度）进行计算。

C.3 技术状况评定费用指标示例

表 C.3 技术状况评定费用指标表

行 政 等 级	道路（元/km）
县道	500
乡道	400
村道	120

注：道路的长度按需进行技术状况评定的路线长度进行计算。

C.4 农村公路小修工程量清单综合单价示例

表 C.4 农村公路小修工程量清单综合单价示例表

项目编码	项目名称	计量单位	综合单价（元）	备注
清单　第200章　路基工程				
NXX02100	清理			
NXX02100001	清理零星塌方	m³	15.7	
NXX02110	维修			
NXX02110001	路基坑塘处理	m³	42.0	
NXX02110002	边沟、排水沟、截水沟、急流槽维修	m	56.9	
NXX02110003	维修、更换边沟盖板			
NXX021100030001	维修	m	17.4	
NXX021100030002	更换	m	104.9	
NXX02110004	挡土墙维修	m³	425.2	
NXX02110005	边坡整理	m²	4.2	
NXX02110006	土路肩修整	m²	4.2	
NXX02110007	增设盲沟	m	42.6	
…	…			
清单　第300章　路面工程				
NXX03100	除雪、撒防滑料			
NXX03100001	除雪、除冰	m²	3.2	
NXX03100002	防滑材料			
NXX031000020001	储备防滑材料	m³	225.3	
NXX031000020002	撒防滑材料	m²	5.6	
NXX03110	水泥混凝土路面维修			
NXX03110001	破板维修			
NXX031100010001	破板凿除	m²	15.0	
NXX031100010002	水泥混凝土修复	m²	118.8	
NXX031100010003	沥青混凝土加铺	m²	35.6	
NXX03110002	水泥混凝土路面板底			
NXX031100020001	灌（注）浆	m³	70.1	
NXX031100020002	填充素混凝土	处	117.6	
NXX03110003	更换填缝料			
NXX03110004	裂缝灌缝	m	11.9	
NXX03110005	错台处治	m	13.9	
NXX03110006	机械刻槽	m	3.0	
NXX03110007	修复剥落边角	m	14.7	
NXX03120	沥青混凝土路面维修			
NXX03120001	纵横向裂缝维修	m	11.9	

续表 C.4

项目编码	项目名称	计量单位	综合单价（元）	备注
清单　第300章　路面工程				
NXX03120002	块状裂缝、龟裂维修	m²	11.9	
NXX03120003	沉陷、坑槽、车辙、翻浆处理	m²	148.5	
NXX03120004	波浪、搓板、拥包、泛油处理	m²	148.5	
NXX03120005	麻面、松散、脱皮、啃边处理	m²	148.5	
NXX03130	其他路面维修及路面结构接顺物处理			
NXX03130001	泥结集料类路面维修	m²	42.5	
NXX03130002	砂石路面维修	m²	14.0	
NXX03130003	块石路面维修	m²	27.0	
NXX03130004	稳定基层维修	m³	198.0	
NXX03130005	路面结构物接顺路面处理	m²	22.4	
NXX03140	缘石、侧石、平石维修			
NXX03140001	刷漆	m	7.9	
NXX03140002	维修	m	28.4	
NXX03140003	更换	m	33.9	
…	…		…	
清单　第400章　桥梁、涵洞工程				
NXX04100	桥面系维修			
NXX04100001	修复桥面铺装			
NXX041000010001	水泥混凝土桥面	m²	79.2	
NXX041000010002	沥青混凝土桥面	m²	99.0	
NXX041000010003	防水层	m²	31.7	
NXX04100002	修复排水系统			
NXX041000020001	泄水管	套	79.8	
NXX041000020002	排水槽	m	42.1	
NXX04100003	修补人行道、护栏	m	153.5	
NXX04100004	桥上灯柱维护	个	56.9	
NXX04100005	维护伸缩装置	m	97.1	
NXX04100006	护栏刷漆	m	29.5	
NXX04100007	支座维修	个	62.2	
NXX04110	桥梁下部结构维修			
NXX04110001	墩台及基础			
NXX041100010001	混凝土浇筑修补	m³	803.0	
NXX041100010002	砖砌修补	m³	297.0	
NXX04110002	锥坡、翼墙			
NXX041100020001	混凝土浇筑修补	m³	702.9	
NXX041100020002	砖砌修补	m³	297.0	
NXX04110003	抛石护基	m³	198.0	

续表 C.4

项目编码	项目名称	计量单位	综合单价（元）	备注
清单　第400章　桥梁、涵洞工程				
NXX04120	涵洞维修			
NXX04120001	混凝土局部维修	m³	841.5	
NXX04120002	浆砌片石修补	m³	420.6	
…	…		…	
清单　第500章　隧道工程				
NXX05100	隧道清洁维护			
NXX05100001	顶板和内装清洁	m²	41.9	
NXX05110	隧道维修			
NXX05110001	洞口			
NXX051100010001	杂草清理	m²	3.3	
NXX051100010002	落物清理	m²	4.4	
NXX051100010003	洞门修补	m³	820.6	
NXX05110002	洞身			
NXX051100020001	裂缝灌缝及勾缝	m	40.9	
NXX051100020002	砂浆抹面	m²	42.6	
NXX051100020003	砌体加固	m³	420.8	
NXX051100020004	混凝土加固	m³	1 262.7	
NXX051100020005	洞身刷油漆	m²	67.8	
NXX05110003	排水设施	m	83.7	
NXX05110004	洞内衬维护	m²	56.7	
NXX05110005	人行道和检修道	m	42.1	
NXX05110006	照明设施	处	28.1	
…	…			
清单　第600章　交通工程及沿线设施				
NXX06100	交通安全设施维护			
NXX06100001	道路交通标志维护			
NXX061000010001	单柱式交通标志维护	块	98.2	
NXX061000010002	双柱式交通标志维护	块	98.2	
NXX061000010003	门架式交通标志维护	块	281.3	
NXX061000010004	单悬臂式交通标志维护	块	281.3	
NXX061000010005	双悬臂式交通标志维护	块	281.3	
NXX061000010006	附着式交通标志维护	块	99.2	
NXX06110	护栏维修			
NXX06110001	波形护栏局部更换			
NXX061100010001	维护	m	84.2	
NXX061100010002	局部更换	m	252.3	

续表 C.4

项目编码	项目名称	计量单位	综合单价(元)	备注
清单 第600章 交通工程及沿线设施				
NXX06110002	缆索护栏维护及更换			
NXX061100020001	维护	m	84.3	
NXX061100020002	局部更换	m	252.8	
NXX06110003	活动护栏局部更换	m	276.2	
NXX06110004	墙式护栏或警示墩局部更换			
NXX061100040001	连续式墙式护栏局部更换	m	281.5	
NXX061100040002	间断式警示墩局部更换	m	173.0	
NXX06120	护栏及警示墩油漆			
NXX06120001	混凝土护栏面油漆	m	29.7	
NXX06120002	钢护栏面油漆	m	29.7	
NXX06120003	砌体面油漆	m	29.7	
NXX06130	隔离栅及护网维修	m	66.6	
NXX06140	道路交通标志维修			
NXX06140001	里程碑、百米桩、界碑更换			
NXX061400010001	里程碑更换	块	385.6	
NXX061400010002	百米桩更换	块	113.1	
NXX061400010003	界碑更换	块	133.9	
NXX06140002	隔离墩维修			
NXX061400020001	更换	块	225.3	
NXX061400020002	油漆	块	84.2	
NXX06140003	警示桩维修			
NXX061400030001	更换	块	84.2	
NXX061400030002	油漆	块	28.4	
NXX06150	道路交通标线修复			
NXX06150001	旧标线清除	m²	7.0	
NXX06150002	热熔型涂料路面标线修复	m²	52.0	
NXX06150003	溶剂加热涂料路面标线修复	m²	52.0	
NXX06150004	冷漆路面标线修复	m²	50.1	
NXX06150005	突起路标更换	个	14.5	
NXX06150006	轮廓标更换	个	28.1	
NXX06160	防眩设施维修			
NXX06160001	防眩板更换	块	60.0	
NXX06160002	防眩网更换	m	148.9	
…	…		…	

续表 C.4

项目编码	项目名称	计量单位	综合单价（元）	备注
清单 第700章 绿化工程				
NXX07100	绿化补植			
NXX07100001	乔木补植	棵	57.8	
NXX07100002	灌木补植	棵	81.4	
NXX07100003	草皮补植	m^2	15.5	
NXX07100004	草籽补播	m^2	14.9	
NXX07110	绿化专项养护			
NXX07110001	两侧行道树养护	棵	7.9	
NXX07110002	边坡绿化养护	m^2	7.9	
…	…	…		

C.5 农村公路养护工程工程量清单综合单价示例

表 C.5　农村公路养护工程工程量清单综合单价示例表

项目编码	项目名称	计量单位	综合单价（元）	备注
清单　第 200 章　路基工程				
NYH02100	场地清理及拆除			
NYH02100001	清理与凿除			
NYH02100001001	清理现场	m²	1.5	
NYH02100001002	砍树挖根	棵	42.4	
NYH02100001003	清理零星塌方	m³	15.7	
NYH02110	拆除结构物			
NYH02110001	拆除砖砌体结构	m³	55.9	
NYH02110002	拆除干砌片（块）石结构	m³	71.7	
NYH02110003	拆除浆砌片（块）石结构	m³	72.8	
NYH02110004	拆除混凝土结构	m³	155.1	
NYH02110005	拆除钢筋混凝土结构	m³	236.0	
NYH02120	局部维修挖方			
NYH02120001	挖土方	m³	9.6	
NYH02120002	挖石方	m³	32.1	
NYH02120003	挖淤泥	m³	25.1	
NYH02130	局部维修填方			
NYH02130001	利用方填筑	m³	8.0	
NYH02130002	借方填筑	m³	17.8	
NYH02130003	结构物台背回填	m³	82.3	
NYH02140	路基处治			
NYH02140001	路基翻浆处治			
NYH021400010001	设置透水隔离层	m³	257.4	
NYH021400010002	增设盲沟	m	70.4	
NYH02140002	路基注浆处治	m³	660.0	
NYH02150	修复或完善排水设施			
NYH02150001	边沟	m	95.7	

续表 C.5

项目编码	项目名称	计量单位	综合单价（元）	备注
清单 第200章 路基工程				
NYH02150002	排水沟	m	95.7	
NYH02150003	截水沟	m	95.7	
NYH02150004	急流槽	m	95.7	
NYH02150005	盲（渗）沟	m	95.7	
NYH02150006	拦水带	m	45.7	
NYH02150007	跌水井	个	319.0	
NYH02160	修复或完善防护工程			
NYH02160001	清理塌方、滑坡、风化碎石	m³	23.8	
NYH02160002	削坡	m³	47.6	
NYH02160003	修复或完善生态植被护坡			
NYH021600030001	铺（植）草皮	m²	14.9	
NYH021600030002	播植（喷播）草灌	m²	7.9	
NYH021600030003	客土喷播草灌	m²	27.5	
NYH021600030004	T2S生态植被	m²	24.8	
NYH021600030005	土工格室植草灌	m²	29.7	
NYH021600030006	植生袋植草灌	m²	44.6	
NYH02160004	修复或完善浆砌片石护坡			
NYH021600040001	骨架护坡	m²	87.8	
NYH021600040002	满砌护坡	m²	168.9	
NYH02160005	修复或完善混凝土护坡			
NYH021600050001	预制块骨架护坡	m²	55.0	
NYH021600050002	预制块满砌护坡	m²	60.5	
NYH021600050003	现浇混凝土骨架护坡	m²	55.0	
NYH021600050004	锚杆构架护坡	m²	66.0	
NYH02160006	修复或完善挂网土工格栅喷浆防护边坡			
NYH021600060001	厚50mm喷浆防护边坡	m²	50.9	
NYH021600060002	每增加或减少10mm	m²	±5.6	
NYH021600060003	铁丝网	m²	18.0	

续表 C.5

项目编码	项目名称	计量单位	综合单价（元）	备注
清单 第200章 路基工程				
NYH021600060004	土工格栅	m²	16.0	
NYH021600060005	锚杆	m	30.6	
NYH02160007	修复或完善挂网锚喷混凝土防护边坡（全坡面）			
NYH021600070001	厚50mm喷混凝土防护边坡	m²	40.5	
NYH021600070002	每增加或减少10mm	m²	±11.1	
NYH021600070003	钢筋网	m²	15.0	
NYH021600070004	铁丝网	m²	17.8	
NYH021600070005	土工格栅	m²	15.8	
NYH021600070006	锚杆	m	30.6	
NYH02160008	修复或完善坡面防护			
NYH021600080001	喷射混凝土（厚50mm）	m²	40.4	
NYH021600080002	每增加或减少10mm	m²	±11.6	
NYH021600080003	喷射水泥砂浆（厚50mm）	m²	49.9	
NYH021600080004	每增加或减少10mm	m²	±5.5	
NYH02160009	预应力锚索（杆）边坡加固			
NYH021600090001	预应力锚索	m	112.2	
NYH021600090002	锚杆	m	36.9	
NYH021600090003	混凝土锚固板（墩）	m³	693.7	
NYH021600090004	注浆	m³	660.9	
NYH02160010	修复或完善护面墙			
NYH021600100001	浆砌片（块）石护面墙	m³	319.9	
NYH021600100002	混凝土护面墙	m³	797.5	
NYH021600100003	钢筋混凝土护面墙	m³	1 276.0	
NYH021600100004	条（料）石镶面	m³	1 587.1	
NYH02160011	修复或完善挡土墙			
NYH021600110001	干砌片（块）石挡土墙	m³	217.8	
NYH021600110002	浆砌片（块）石挡土墙	m³	405.4	
NYH021600110003	片石混凝土挡土墙	m³	594.8	
NYH021600110004	混凝土	m³	724.4	
NYH021600110005	钢筋混凝土挡土墙	m³	800.6	
NYH021600110006	条（料）石镶面	m³	1 584.7	
NYH021600110007	挡墙混凝土承台（基础）	m³	638.3	
NYH021600110008	挡墙灌注桩基础	m³	1 446.5	

续表 C.5

项目编码	项目名称	计量单位	综合单价（元）	备注
清单　第200章　路基工程				
NYH021600110009	锚固挡土墙	m³	1 914.0	
NYH021600110010	套墙加固	m³		
NYH021600110011	增建支撑墙加固	m³	297.6	
NYH021600110012	喷涂水泥砂浆保护层	m²	18.9	
NYH02160012	修复或完善锚杆挡土墙			
NYH021600120001	混凝土立柱	m³	1 226.5	
NYH021600120002	混凝土挡板	m³	1 226.5	
NYH021600120003	钢筋	kg	7.9	
NYH021600120004	锚杆	m	40.3	
NYH02160013	修复或完善加筋土挡土墙			
NYH021600130001	浆砌片块石基础	m³	323.4	
NYH021600130002	混凝土基础	m³	638.0	
NYH021600130003	混凝土帽石	m³	1 226.5	
NYH021600130004	混凝土墙面板	m³	786.5	
NYH02160014	修复或完善河道防护			
NYH021600140001	浆砌片（块）石河床铺砌	m³	323.4	
NYH021600140002	浆砌片石顺坝	m³	323.4	
NYH021600140003	浆砌片石丁坝	m³	324.5	
NYH021600140004	浆砌片石调水坝	m³	324.5	
NYH021600140005	浆砌片石导流堤	m³	324.5	
NYH021600140006	浆砌片石锥（护）坡	m³	324.5	
NYH021600140007	干砌片（块）石	m³	179.0	
NYH021600140008	混凝土护岸	m³	721.1	
NYH021600140009	钢筋混凝土护岸	m³	1 306.3	
NYH02160015	修复或完善混凝土封顶	m³	957.0	
NYH02160016	抛石处理			
NYH021600160001	抛片（块）石	m³	198.6	
NYH021600160002	石笼抛石	m³	217.8	
NYH02170	修复或完善路肩			
NYH02170001	土路肩	m³	39.4	
NYH02170002	硬路肩	m³	645.7	
…	…		…	

续表 C.5

项目编码	项目名称	计量单位	综合单价（元）	备注
清单　第300章　路面工程				
NYH03100	破碎及修复旧路面			
NYH03100001	水泥混凝土路面			
NYH031000010001	水泥路面多锤头碎石化	m²	5.5	
NYH031000010002	水泥路面多镐头碎石化	m²	6.6	
NYH031000010003	水泥路面共振碎石化	m²	4.4	
NYH031000010004	挖除	m³	141.9	
NYH031000010005	破板维修	m²		
NYH0310000100050001	水泥混凝土	m²	211.2	
NYH0310000100050002	沥青混凝土加铺	m²	72.9	
NYH031000010006	水泥混凝土路面板底灌（注）浆	m²	39.6	
NYH031000010007	更换填缝料	m	11.9	
NYH031000010008	裂缝灌缝	m	11.9	
NYH031000010009	错台处治	m	14.9	
NYH031000010010	机械刻槽	m²	9.9	
NYH031000010011	露骨处理	m	39.9	
NYH031000010012	修复剥落边角	m	14.9	
NYH03100002	沥青混凝土路面			
NYH031000020001	铣刨	m³	132.0	
NYH031000020002	挖除	m³	55.9	
NYH031000020003	纵横向裂缝维修	m	7.9	
NYH031000020004	块状裂缝、龟裂维修	m	16.0	
NYH03100003	挖除块石路面	m³	39.6	
NYH03100004	挖除泥结碎（砾）石路面	m³	39.6	
NYH03100005	挖除基层	m³	24.8	
NYH03100006	挖除底基层	m³	24.8	
NYH03100007	挖除旧路肩			
NYH031000070001	土路肩	m³	11.9	
NYH031000070002	水泥混凝土硬路肩	m³	148.5	
NYH031000070003	沥青混凝土硬路肩	m³	79.2	
NYH03100008	拆除路缘石、侧（平）石	m	11.9	
NYH03110	裂缝类病害处治			
NYH03110001	龟裂处治	m²	39.9	
NYH03110002	不规则裂缝处治	m²	19.8	
NYH03110003	缝宽在5mm以上的纵横向裂缝处治	m²	24.8	
NYH03120	松散类病害处治			

续表 C.5

项目编码	项目名称	计量单位	综合单价（元）	备注
清单　第300章　路面工程				
NYH03120001	坑槽修补			
NYH031200010001	厚40mm	m²	59.4	
NYH031200010002	每增加或减少10mm	m²	±11.1	
NYH03120002	松散处治	m²	71.8	
NYH03120003	麻面处治	m²	22.7	
NYH03120004	脱皮处治	m²	33.7	
NYH03120005	啃边处治	m²	33.7	
NYH03130	变形类病害处治			
NYH03130001	沉陷处治	m²	55.0	
NYH03130002	车辙处治	m²	33.9	
NYH03130003	波浪处治	m²	30.3	
NYH03130004	搓板处治	m²	30.3	
NYH03130005	拥包处治	m²	30.3	
NYH03140	其他类病害处治			
NYH03140001	泛油处治	m²	7.2	
NYH03140002	磨光处治	m²	7.2	
NYH03140003	翻浆处治	m²	55.0	
NYH03140004	冻胀处治	m²	220.0	
NYH03140005	其他路面维修及结构物接顺			
NYH031400050001	砂石路面维修	m²	10.1	
NYH031400050002	块石路面维修	m²	49.8	
NYH031400050003	稳定基层维修	m³	239.4	
NYH031400050004	路面结构物接顺处理	m²	239.1	
NYH03140006	缘石、侧石、平石维修			
NYH031400060001	刷白	m	16.1	
NYH031400060002	维修与更换	m	48.1	
NYH03150	修复或加铺调平层（垫层）			
NYH03150001	碎石调平层	m³	239.4	
NYH03150002	砂砾调平层	m³	127.6	
NYH03160	修复或加铺底基层（垫层）			
NYH03160001	级配碎（砾）石底基层			

续表 C.5

项目编码	项目名称	计量单位	综合单价（元）	备注
清单　第300章　路面工程				
NYH031600010001	厚200mm	m²	39.6	
NYH031600010002	每增加或减少10mm	m²	±2.5	
NYH03160002	水泥稳定碎石底基层			
NYH031600020001	厚200mm	m²	59.4	
NYH031600020002	每增加或减少10mm	m²	±2.5	
NYH03170	修复或加铺基层			
NYH03170001	水泥稳定碎（砾）石基层			
NYH031700010001	厚200mm	m²	59.4	
NYH031700010002	每增加或减少10mm	m²	±3	
NYH03170002	石灰粉煤灰碎（砾）石基层			
NYH031700020001	厚200mm	m²	33.7	
NYH031700020002	每增加或减少10mm	m²	±1.6	
NYH03170003	贫混凝土			
NYH031700030001	厚200mm	m²	99.0	
NYH031700030002	每增加或减少10mm	m²	±5	
NYH03170004	水稳基层非开挖注浆加固	m³	48.2	
NYH03170005	沥青就地冷再生			
NYH031700050001	厚100mm	m²	96.4	
NYH031700050002	每增加或减少10mm	m²	±4.4	
NYH03170006	沥青厂拌冷再生			
NYH031700060001	厚100mm	m²	96.5	
NYH031700060002	每增加或减少10mm	m²		
NYH03180	修复或加铺透层、黏层和封层			
NYH03180001	透层	m²	7.9	
NYH03180002	黏层	m²	3.1	
NYH03180003	封层			
NYH031800030001	表处封层	m²	18.5	
NYH031800030002	稀浆封层	m²	5.5	
NYH03180004	微表处	m²	17.8	
NYH03190	修复或加铺沥青路面			
NYH03190001	细粒式沥青混凝土			
NYH031900010001	厚40mm	m²	46.6	

续表 C.5

项目编码	项目名称	计量单位	综合单价（元）	备注
清单　第300章　路面工程				
NYH031900010002	每增加或减少10mm	m²	±12.5	
NYH03190002	中粒式沥青混凝土			
NYH031900020001	厚50mm	m²	62.2	
NYH031900020002	每增加或减少10mm	m²	±11.5	
NYH03190003	粗粒式沥青混凝土			
NYH031900030001	厚60mm	m²	65.3	
NYH031900030002	每增加或减少10mm	m²	±11	
NYH03190004	沥青碎石路面			
NYH031900040001	厚60mm	m²	62.2	
NYH031900040002	每增加或减少10mm	m²	±11.5	
NYH03190005	桥头加铺			
NYH031900050001	细粒式沥青混凝土	m³	1 166.4	
NYH031900050002	中粒式沥青混凝土	m³	1 249.1	
NYH03200	修复或加铺沥青表面处治及其他面层			
NYH03200001	沥青表面处治	m²	18.4	
NYH03200002	沥青贯入式路面	m²	40.5	
NYH03200003	泥结碎（砾）石路面	m²	31.9	
NYH03200004	级配碎（砾）石路面	m²	25.5	
NYH03200005	块石路面	m²	39.8	
NYH03210	修复或加铺改性沥青混凝土路面			
NYH03210001	细粒式改性沥青混凝土			
NYH032100010001	厚40mm	m²	58.7	
NYH032100010002	每增加或减少10mm	m²	±16	
NYH03210002	中粒式改性沥青混凝土			
NYH032100020001	厚40mm	m²	49.9	
NYH032100020002	每增加或减少10mm	m²	±12.5	
NYH03210003	SMA面层			
NYH032100030001	厚40mm	m²	74.1	
NYH032100030002	每增加或减少10mm	m²	±17.5	
NYH03220	修复或加铺透水性沥青混凝土路面			
NYH03220001	细粒式透水性沥青混凝土			
NYH032200010001	厚40mm	m²	39.8	
NYH032200010002	每增加或减少10mm	m²	±10	
NYH03220002	中粒式透水性沥青混凝土			

续表 C.5

项目编码	项目名称	计量单位	综合单价（元）	备注
清单 第300章 路面工程				
NYH032200020001	厚50mm	m²	47.5	
NYH032200020002	每增加或减少10mm	m²	±10	
NYH03230	沥青混凝土再生路面			
NYH03230001	冷再生			
NYH032300010001	厚20mm	m²	143.6	
NYH032300010002	每增加或减少10mm	m²	±4.0	
NYH03230002	就地热再生			
NYH032300020001	厚40mm	m²	51.5	
NYH032300020002	每增加或减少10mm	m²	±7.5	
NYH03230003	封边	m	14.9	
NYH03240	修复水泥混凝土路面			
NYH03240001	破板修复	m²	64.5	
NYH03240002	板底灌浆	m²	30.3	
NYH03240003	接缝材料更换	m	33.6	
NYH03240004	裂缝维修	m²	47.7	
NYH03240005	错台处治	m²	66.0	
NYH03240006	刻纹	m²	16.3	
NYH03250	修复或完善土工合成材料处理			
NYH03250001	土工布	m²	16.0	
NYH03250002	土工格栅	m²	23.3	
NYH03250003	玻纤格栅	m²	17.1	
NYH03260	修复或完善路缘石	m	26.8	
…	…		…	
清单 第400章 桥梁、涵洞工程				
NYH04100	桥面系修复			
NYH04100001	桥面铺装修复			
NYH041000010001	凿除	m³	250.3	
NYH041000010002	重新铺装	m²	127.8	
NYH041000010003	重铺或增设防水层	m²	32.1	
NYH041000010004	水泥混凝土桥面	m²	95.7	
NYH041000010005	沥青混凝土桥面	m²	93.0	
NYH041000010006	防水层	m²	32.1	
NYH04100002	排水设施修复或完善			
NYH041000020001	泄水管	套	55.9	

续表 C.5

项目编码	项目名称	计量单位	综合单价（元）	备注
清单　第400章　桥梁、涵洞工程				
NYH041000020002	排水管	m	32.1	
NYH04100003	人行道、栏杆、护栏、防撞墙修复			
NYH041000030001	人行道	m	60.5	
NYH041000030002	栏杆	m	96.0	
NYH041000030003	护栏	m	96.0	
NYH041000030004	防撞墙	m	60.5	
NYH04100004	桥上照明设施修理	座	47.9	
NYH04100005	伸缩装置更换（按伸缩结构类型和伸缩量）	m	813.5	
NYH04100006	桥头搭板、枕梁修复			
NYH04100006001	搭板	m^3	706.8	
NYH04100006002	枕梁	m^3	797.5	
NYH04110	钢筋（预应力）混凝土梁桥加固			
NYH04110001	钢筋混凝土加大截面			
NYH041100010001	钢筋	kg	8.0	
NYH041100010002	混凝土	m^3	1 754.9	
NYH04110002	植筋	kg	8.3	
NYH04110003	粘贴钢板	kg	9.4	
NYH04110004	粘贴碳纤维、特种玻璃纤维	m^2	31.9	
NYH04110005	预应力加固			
NYH041100050001	穿钢束进行张拉	kg	132.9	
NYH041100050002	增加体外束进行张拉	kg	132.9	
NYH041100050003	竖向预应力加固	kg	132.9	
NYH041100050004	原钢束重新张拉	kg	132.9	
NYH04110006	改变梁体截面形式	m^3	1 188.2	
NYH04110007	增加横隔板	m^3	990.1	
NYH04110008	简支变连续	m^3	990.1	
NYH04110009	更换主梁	m^3	3 414.7	
NYH04120	拱桥加固			
NYH04120001	主拱圈强度不足、拱腹面加固			
NYH041200010001	粘贴钢板	kg	5.9	
NYH041200010002	浇筑钢筋混凝土	m^3	1 485.3	
NYH041200010003	布设钢筋网喷射混凝土	m^2	99.0	
NYH041200010004	布设钢筋网喷射水泥砂浆	m^2	99.0	

续表 C.5

项目编码	项目名称	计量单位	综合单价（元）	备注
清单　第400章　桥梁、涵洞工程				
NYH041200010005	拱肋间加底板	m³	990.6	
NYH041200010006	腹面用衬拱	m³	990.6	
NYH04120002	主拱圈强度不足、拱背面加固			
NYH041200020001	钢筋	kg	5.0	
NYH041200020002	混凝土	m³	1 188.4	
NYH04120003	拱肋、拱上立柱、纵横梁、桁架拱、刚架拱的杆件损坏加固			
NYH041200030001	粘钢板	kg	8.8	
NYH041200030002	粘复合纤维片材	m²	815.1	
NYH04120004	桁架拱、刚架拱及拱上框架的节点加固			
NYH041200040001	粘钢板	kg	8.8	
NYH041200040002	粘复合纤维片材	m²	815.1	
NYH04120005	拱圈的环向连接加固			
NYH041200050001	嵌入剪力键	m	99.0	
NYH04120006	拱肋之间的横向连接加强			
NYH041200060001	钢筋	kg	5.0	
NYH041200060002	混凝土	m³	990.0	
NYH04120007	锈蚀、断丝或滑丝的吊杆更换	m	198.3	
NYH04120008	钢管混凝土拱肋拱脚区段或其他构件加固			
NYH041200080001	包裹钢筋混凝土	m³	990.0	
NYH04120009	改变结构体系改善结构受力			
NYH041200090001	加设拉杆	m	198.3	
NYH04120010	拱上建筑更换	m³	990.0	
NYH04120011	桥面加固			
NYH041200110001	更换桥面板	m³	1 485.4	
NYH041200110002	增加钢筋网	kg	5.9	
NYH041200110003	加厚桥面铺装	m³	594.6	
NYH041200110004	换用钢纤维混凝土	m³	1 188.2	
NYH04120012	墩、台变位引起拱圈开裂加固			
NYH041200120001	修补拱圈	m²	198.3	
NYH04130	钢桥加固			
NYH04130001	杆件加固			
NYH041300010001	补贴钢板	kg	7.9	

续表 C.5

项目编码	项目名称	计量单位	综合单价（元）	备注
清单 第400章 桥梁、涵洞工程				
NYH041300010002	钢夹板夹紧并铆接加固	kg	7.9	
NYH041300010003	增设水平加劲肋、竖向加劲肋	kg	7.9	
NYH041300010004	补加新钢板、角钢或槽钢	kg	7.9	
NYH041300010005	加设加劲杆件	kg	7.9	
NYH041300010006	加设短角钢	kg	7.9	
NYH04130002	恢复和提高整桥承载力			
NYH041300020001	增高补充钢梁	kg	10.0	
NYH041300020002	增设加劲梁	kg	10.0	
NYH041300020003	增设拱式桁架结构	kg	11.9	
NYH041300020004	增设悬索结构	kg	17.8	
NYH041300020005	增设竖杆及必要斜杆	kg	10.0	
NYH041300020006	增设体外预应力	kg	17.8	
NYH04140	**钢-混凝土组合梁桥加固**			
NYH04140001	钢筋混凝土桥面板加固			
NYH041400010001	高强度等级微膨胀混凝土填补	m^3	1 188.2	
NYH041400010002	重新浇筑混凝土板	m^3	990.4	
NYH041400010003	更换预制板	m^3	1 188.2	
NYH041400010004	增设剪力键	m	297.0	
NYH04150	**桥梁支座的维修与更换**			
NYH04150001	桥梁支座维修	个	203.4	
NYH04150002	桥梁支座更换	个	406.8	
NYH04150003	桥梁支座增设	个	406.8	
NYH04160	**墩台基础加固**			
NYH04160001	重力式基础加固			
NYH041600010001	增设连接钢筋	kg	8.3	
NYH041600010002	增设连接钢销	kg	8.3	
NYH041600010003	浇筑混凝土扩大原基础	m^3	717.8	
NYH041600010004	增设新的扩大基础	m^3	717.8	
NYH041600010005	加设钢筋混凝土实体耳墙	m^3	878.4	
NYH04160002	桩基础加固			
NYH041600020001	扩大桩径	m^3	891.0	
NYH041600020002	桩基灌（压）浆	m^3	990.0	
NYH041600020003	加桩	m^3	891.0	
NYH041600020004	扩大承台	m^3	495.0	

续表 C.5

项目编码	项目名称	计量单位	综合单价（元）	备注
清单 第400章 桥梁、涵洞工程				
NYH04160003	人工地基加固			
NYH041600030001	地基注浆	m³	198.0	
NYH041600030002	地基旋喷注浆	m³	198.0	
NYH041600030003	地基深层搅拌	m³	198.0	
NYH04160004	基础防护加固			
NYH041600040001	灌注水下混凝土填补冲空部分	m³	594.0	
NYH041600040002	混凝土填补冲空部分	m³	594.0	
NYH041600040003	编织袋装干硬性混凝土填补冲空部分	m³	594.0	
NYH041600040004	水泥砂浆防护	m³	792.0	
NYH041600040005	增设新的调治构造物	m³	594.0	
NYH04160005	基础平面防护加固			
NYH041600050001	打梅花桩	m³	495.0	
NYH041600050002	抛石防护	m³	198.0	
NYH041600050003	水泥混凝土板、水泥预制块	m³	693.0	
NYH041600050004	铁丝笼	m³	148.5	
NYH041600050005	竹笼	m³	99.0	
NYH041600050006	增设新的调治构造物	m³	594.0	
NYH04160006	基础沉降、滑移、倾斜加固			
NYH041600060001	换填台背填料	m³	148.5	
NYH041600060002	增设钢筋混凝土支撑梁	m³	792.0	
NYH041600060003	增设浆砌片石支撑板	m³	792.0	
NYH041600060004	增设挡墙、支撑杆、挡块	m³	792.0	
NYH041600060005	加厚、增设翼墙	m³	792.0	
NYH041600060006	增设拉杆	m	29.7	
NYH041600060007	调整或顶升上部结构	孔	19 800.0	
NYH041600060008	加设垫块	m³	792.0	
NYH041600060009	加厚盖梁	m³	792.0	
NYH041600060010	顶推、调整拱轴线	座	29 700.0	
NYH04170	墩台加固			
NYH04170001	裂缝加固			
NYH041700010001	增设钢筋混凝土围带	m³	792.0	
NYH041700010002	粘贴钢板箍	kg	5.9	
NYH041700010003	加大墩台截面	m³	792.0	
NYH041700010004	灌缝	m	14.9	

续表 C.5

项目编码	项目名称	计量单位	综合单价（元）	备注
清单　第400章　桥梁、涵洞工程				
NYH04170002	倾斜加固			
NYH041700020001	加设钢拉杆	m	99.0	
NYH04170003	破损加固			
NYH041700030001	增设钢筋混凝土箍套	m^3	990.0	
NYH041700030002	包裹碳纤维片材	m^2	19.8	
NYH04170004	增设墩台			
NYH041700040001	增设台身	m^3	792.0	
NYH041700040002	增设墩柱、墩身	m^3	792.0	
NYH041700040003	浇筑新盖梁	m^3	792.0	
NYH04170005	锥坡、翼墙维修加固			
NYH041700050001	锥坡	m^3	346.5	
NYH041700050002	翼墙	m^3	346.5	
NYH04180	桥梁抗震加固			
NYH04180001	梁桥防止顺桥向（纵向）落梁的抗震加固			
NYH041800010001	桥台胸墙抗震加固	m^3	792.0	
NYH041800010002	增设挡块	m^3	792.0	
NYH041800010003	固定主梁（板）	处	594.0	
NYH041800010004	主梁连成整体	处	594.0	
NYH04180002	梁桥防止横向落梁的抗震加固			
NYH041800020001	增设横向挡块	m^3	1 107.7	
NYH041800020002	增设横向挡杆、钢拉杆	m	198.0	
NYH041800020003	固定主梁	处	792.0	
NYH041800020004	桥面改造	m^2	99.0	
NYH041800020005	增设横隔板	m^3	1 056.0	
NYH04180003	防止支座破坏的梁桥抗震加固			
NYH041800030001	增设支座挡块	m^3	1 107.7	
NYH041800030002	增设连接钢筋	kg	5.0	
NYH04180004	桥墩抗震加固			
NYH041800040001	增设横（斜）撑	m	39.6	
NYH041800040002	增设钢套管	m	29.7	
NYH041800040003	增设抗震墩	m^3	693.0	
NYH041800040004	加大桥墩断面	m^3	1 038.4	
NYH041800040005	增设套箍	m^3	693.0	

续表 C.5

项目编码	项目名称	计量单位	综合单价（元）	备注
清单　第400章　桥梁、涵洞工程				
NYH04180005	桥台抗震加固			
NYH041800050001	加筑围裙	m³	693.0	
NYH041800050002	增设挡墙	m³	693.0	
NYH041800050003	修筑扶壁或斜撑	m³	693.0	
NYH041800050004	调整桥台形式	座	4 950.0	
NYH041800050005	顶推调整拱抽线	座	9 900.0	
NYH04180006	基础、地基抗震加固			
NYH041800060001	水泥浆灌注法	m³	1 107.7	
NYH041800060002	旋喷灌浆法	m³	1 107.7	
NYH041800060003	硅化法	m³	79.6	
NYH04180007	盖梁、承台抗震加固			
NYH041800070001	加大截面	m³	792.0	
NYH041800070002	施加预应力	m	8.9	
NYH04180008	其他设施修复	处		
NYH04180009	抛石处理	m³	118.8	
NYH04190	涵洞的维修			
NYH04190001	地基处理			
NYH041900010001	（按不同处理方式分列）	m³	396.0	
NYH04190002	基础处理			
NYH041900020001	重建基础	m³	396.0	
NYH041900020002	压浆加固基础	道	990.0	
NYH04190003	侧墙和翼墙维修	m³	594.0	
NYH04190004	涵洞加固			
NYH041900040001	混凝土	m³	594.0	
NYH041900040002	钢筋混凝土	m³	792.0	
NYH041900040003	混凝土预制块衬砌	m³	792.0	
NYH041900040004	钢筋混凝土预制块衬砌	m³	990.0	
NYH041900040005	现浇衬砌	m³	594.0	
…	…		…	
清单　第500章　隧道工程				
NYH05100	洞口与明洞工程维修			
NYH05100001	遮光棚（板）维修			
NYH051000010001	混凝土	m³	957.2	
NYH051000010002	钢筋	kg	8.0	

续表 C.5

项目编码	项目名称	计量单位	综合单价（元）	备注
清单　第500章　隧道工程				
NYH05110	洞身维修			
NYH05110001	无衬砌隧道维修			
NYH051100010001	碎裂、松动岩石和危石的处理	m³	69.4	
NYH051100010002	围岩的渗漏水处理	m	118.8	
NYH051100010003	新增衬砌	m³	1 188.3	
NYH051100010004	喷浆处理	m³	1 018.7	
NYH05110002	衬砌裂纹、剥离、剥落处理			
NYH051100020001	衬砌背面注浆	m³	1 018.7	
NYH051100020002	防护网	m²	59.6	
NYH051100020003	喷射混凝土	m³	1 529.3	
NYH051100020004	锚杆加固	m	49.9	
NYH051100020005	排水、止水	m	198.6	
NYH051100020006	套拱	m²	792.1	
NYH051100020007	绝热层	m²	29.9	
NYH051100020008	滑坡整治	m³	17.8	
NYH051100020009	围岩压浆	m³	792.3	
NYH051100020010	灌浆锚固	m³	792.3	
NYH051100020011	增设仰拱	m³	792.3	
NYH051100020012	更换衬砌	m³	1 188.6	
NYH051100020013	防水卷材	m²	24.8	
NYH05110003	衬砌渗漏水处理			
NYH051100030001	排水、止水	m	198.4	
NYH051100030002	围岩压浆	m³	990.0	
NYH051100030003	更换衬砌	m³	1 188.6	
NYH05120	路面及其他设施维修			
NYH05120001	路面渗漏水处理	处	99.0	
NYH05120002	人行和车行横洞维修	道	495.4	
NYH05120003	斜（竖）井维修	处	1 980.6	
NYH05120004	风道维修	处	990.0	
NYH05130	排水设施维修			
NYH05130001	中心排水沟维修与新建	m	99.0	
NYH05130002	两侧排水沟维修与新建	m	99.0	
NYH05130003	洞外排水设施维修与新建			
NYH051300030001	浆砌片石水沟	m³	491.2	

续表 C.5

项目编码	项目名称	计量单位	综合单价（元）	备注
清单　第500章　隧道工程				
NYH051300030002	混凝土预制块水沟	m³	885.5	
NYH051300030003	现浇混凝土水沟	m³	773.3	
NYH05140	吊顶和内装维修			
NYH05140001	洞内防火涂料（按厚度分）	m²	20.4	
NYH05140002	洞内防火板	m²	27.9	
NYH05140003	洞内装饰	m²	139.0	
NYH05150	人行道或检修道维修			
NYH05150001	人行道维修	m	34.7	
NYH05150002	检修道维修	m	34.7	
…	…		…	
清单　第600章　交通工程及沿线设施				
NYH06100	墙式护栏维修			
NYH06100001	拆除	m	128.2	
NYH06100002	修复	m	319.0	
NYH06100003	重建或新增	m	319.6	
NYH06110	波形护栏维修及更换			
NYH06110001	拆除	m	47.9	
NYH06110002	修复	m	127.6	
NYH06110003	调整	m	79.9	
NYH06110004	重建或新增	m	203.5	
NYH06110005	波形护栏更换			
NYH061100050001	普通型钢护栏	m	238.7	
NYH061100050002	双波加强型钢护栏	m	337.2	
NYH061100050003	三波加强型钢护栏	m	425.0	
NYH061100050004	双层双波加强型钢护栏	m	479.1	
NYH061100050005	桥路连接过渡段钢护栏	m	558.3	
NYH061100050006	更换防阻块	处	14.9	
NYH061100050007	更换护栏盖帽	处	24.0	
NYH06120	缆索护栏维修			
NYH06120001	拆除	m	13.8	
NYH06120002	修复	m	63.8	
NYH06120003	调整	m	34.1	
NYH06120004	更换	m	127.6	
NYH06130	活动式护栏维修			

续表 C.5

项目编码	项目名称	计量单位	综合单价（元）	备注
清单　第600章　交通工程及沿线设施				
NYH06130001	修复	m	96.3	
NYH06130002	更换	m	261.3	
NYH06140	示警桩维修、墙式护栏或警示墩更换			
NYH06140001	拆除	块	16.0	
NYH06140002	更换	块	127.6	
NYH06140003	连续式墙式护栏更换	m	319.0	
NYH06140004	间断式警示墩更换	m	322.3	
NYH06150	防撞墩维修			
NYH06150001	拆除	块	79.8	
NYH06150002	修复	块	320.1	
NYH06160	单柱式交通标志维修			
NYH06160001	拆除	个	123.6	
NYH06160002	修复	个	203.4	
NYH06160003	更换	个	323.4	
NYH06170	双柱式交通标志维修			
NYH06170001	拆除	个	123.8	
NYH06170002	修复	个	204.5	
NYH06170003	更换	个	322.3	
NYH06180	门架式交通标志维修			
NYH06180001	拆除	个	123.6	
NYH06180002	修复	个	203.4	
NYH06180003	更换	个	323.4	
NYH06190	单悬臂式交通标志维修			
NYH06190001	拆除	个	123.6	
NYH06190002	修复	个	205.6	
NYH06190003	更换	个	322.3	
NYH06200	双悬臂式交通标志维修			
NYH06200001	拆除	个	124.7	
NYH06200002	修复	个	203.4	
NYH06200003	更换	个	319.4	
NYH06210	附着式交通标志维修			
NYH06210001	拆除	个	123.6	
NYH06210002	修复	个	192.4	
NYH06210003	更换	个	319.0	

续表 C.5

项目编码	项目名称	计量单位	综合单价（元）	备注
清单　第600章　交通工程及沿线设施				
NYH06220	隧道内交通标志维修			
NYH06220001	拆除	个	123.6	
NYH06220002	修复	个	214.4	
NYH06220003	更换	个	319.3	
NYH06230	里程碑、百米桩、界碑维修			
NYH06230001	拆除里程碑、百米桩、界碑			
NYH062300010001	拆除里程碑	块	57.8	
NYH062300010002	拆除百米桩	块	12.7	
NYH062300010003	拆除界碑	块	35.2	
NYH06230002	更换里程碑、百米桩、界碑			
NYH062300020001	更换里程碑	块	319.4	
NYH062300020002	更换百米桩	块	71.8	
NYH062300020003	更换界碑	块	272.1	
NYH06230003	隔离墩维修			
NYH06230003001	更换	块	319.0	
NYH06230003002	油漆	块	48.0	
NYH06230004	警示桩维修			
NYH062300040001	更换	块	128.0	
NYH062300040002	油漆	块	32.2	
NYH06240	道路交通标线局部修复			
NYH06240001	热熔型涂料路面标线修复			
NYH062400010001	1号标线	m²	59.8	
NYH062400010002	2号标线	m²	79.8	
NYH06240002	溶剂常温涂料路面标线修复			
NYH062400020001	1号标线	m²	59.7	
NYH062400020002	2号标线	m²	79.9	
NYH06240003	溶剂加热涂料路面标线修复			
NYH062400030001	1号标线	m²	60.1	
NYH062400030002	2号标线	m²	78.7	
NYH06240004	特殊路面标线修复			
NYH062400040001	震颤标线（热熔突起型标线）	m²	93.0	
NYH062400040002	防滑标线	m²	127.7	
NYH062400040003	水性反光标线	m²	79.8	
NYH06240005	减速带修复			

续表 C.5

项目编码	项目名称	计量单位	综合单价（元）	备注
清单 第600章 交通工程及沿线设施				
NYH062400050001	拆除	m	24.1	
NYH062400050002	更换	m	159.5	
NYH06240006	突起路标修复			
NYH062400060001	单面突起路标	个	12.7	
NYH062400060002	双面突起路标	个	14.9	
NYH06240007	轮廓标修复			
NYH062400070001	柱式轮廓标	个	79.6	
NYH062400070002	附着式轮廓标	个	10.5	
NYH062400070003	1243线形（条型）轮廓标	片	31.9	
NYH062400070004	柱式边缘视线诱导标	个	159.9	
NYH06240008	立面标记修复	处	56.1	
NYH06240009	隆声带修复	m²	175.0	
NYH06250	防眩设施维修			
NYH06250001	防眩板维修			
NYH062500010001	拆除	m	16.0	
NYH062500010002	更换	m	175.5	
NYH06250002	防眩网维修			
NYH062500020001	拆除	m²	49.0	
NYH062500020002	更换	m²	239.3	
…	…	…		
清单 第700章 绿化工程				
NYH07100	加铺表土	m²	14.9	
NYH07110	绿化补植			
NYH07110001	补播草种	m²	14.9	
NYH07110002	补植草皮	m²	15.5	
NYH07110003	补播乔木	颗	57.8	
NYH07110004	补植灌木	颗	81.4	
NYH07120	绿化专项养护			
NYH07120001	两侧行道树养护	棵	7.9	
NYH07120002	边坡绿化养护	m²	7.9	
…	…	…		

C.6 主要材料单价表

工程量清单综合单价中的主要材料单价取值见表 C.6。

表 C.6 工程量清单综合单价中的主要材料单价表

序 号	材 料 名 称	单 位	单价（元）
1	42.5 级水泥	t	320
2	HRB400 钢筋	t	3 500
3	石油沥青	t	3 400
4	中（粗）砂	m³	140
5	碎石（4cm）	m³	120
6	波形钢板	t	4 700

注：表中价格为不含可抵扣进项税的单价。

本办法用词用语说明

1 本办法执行严格程度的用词，采用下列写法：

1）表示很严格，非这样做不可的用词，正面词采用"必须"，反面词采用"严禁"；

2）表示严格，在正常情况下均应这样做的用词，正面词采用"应"，反面词采用"不应"或"不得"；

3）表示允许稍有选择，在条件许可时首先应这样做的用词，正面词采用"宜"，反面词采用"不宜"；

4）表示有选择，在一定条件下可以这样做的用词，采用"可"。

2 引用标准的用语采用下列写法：

1）在标准总则中表述与相关标准的关系时，采用"除应符合本办法的规定外，尚应符合国家和行业现行有关标准的规定"。

2）在标准条文及其他规定中，当引用的标准为国家标准和行业标准时，表述为"应符合《××××××》（×××）的有关规定"。

3）当引用本标准中的其他规定时，表述为"应符合本办法第×章的有关规定"、"应符合本办法第×.×节的有关规定"、"应符合本办法第×.×.×条的有关规定"或"应按本办法第×.×.×条的有关规定执行"。